EN VENTE: La Branche de chêne, drame en cinq actes.

LA FRANCE
DRAMATIQUE
AU DIX-NEUVIÈME SIÈCLE,
Choix de Pièces Modernes.

Porte-Saint-Martin.

MATHILDE,
DRAME EN CINQ ACTES.

770—771.

PARIS.
C. TRESSE, ÉDITEUR,
REUF DES FONDS DE J.-N. BARBA ET V. BEZOU,
SEUL PROPRIÉTAIRE DE LA FRANCE DRAMATIQUE,
PALAIS-ROYAL, GALERIE DE CHARTRES, N°s 2 ET 3,
Derrière le Théâtre-Français.

1842.

MATHILDE,

DRAME EN CINQ ACTES,

PAR MM. FÉLIX PYAT ET EUGÈNE SUE,

TIRÉ DES MÉMOIRES D'UNE JEUNE FEMME,

Représenté pour la première fois, à Paris, sur le théâtre de la Porte-Saint-Martin, le 24 septembre 1842.

DISTRIBUTION DE LA PIÈCE.

M. DE ROCHEGUNE (jeune premier)	MM. CLARENCE.
M. GONTRAN DE LANCRY (jeune premier rôle)	EUG. GRAILLY.
LE COMTE DE LUGARTO (grand premier rôle)	RAUCOURT.
SECHERIN (rôle de genre)	JEMMA.
FRITZ, domestique de Gontran	HÉRET.
UN DOMESTIQUE de Lugarto	JOLY.
UN BUCHERON (père noble)	DUBOIS.
PREMIER INVITÉ	EUGÈNE.
DEUXIÈME INVITÉ	NERAULT.
MATHILDE, femme de Gontran (jeune premier rôle)	Mmes FITZ-JAMES.
URSULE, femme de Secherin (coquette)	VALÉRIE KLOTZ.
Mme SECHERIN la mère (duegne)	CHARTON.
Mme BLONDEAU, attachée à Mathilde	DUBOIS.
UNE VIEILLE FEMME	ALBERTY.
INVITÉS, DANSEURS, DOMESTIQUES, etc.	

La scène se passe, de nos jours, à Paris.

ACTE PREMIER.

Le théâtre représente un salon élégant, glaces de chaque côté, porte au fond, portes latérales.

SCÈNE I.

Mme SECHERIN, filant à un rouet près d'une table à glace, Mme BLONDEAU, FRITZ.

Mme SECHERIN, en riant, à Mme Blondeau.
Cette glace est bien perfide !... Je viens d'y voir ce gourmand de Fritz prendre un fruit sur l'assiette qu'il emporte.

Mme BLONDEAU.
Vraiment !... (A Fritz, qui se dispose à sortir avec l'assiette de fruits.) Fritz, vous êtes d'une gourmandise incorrigible... si vous continuez, je le dirai à madame, je vous ferai congédier...

FRITZ.
Allons donc, madame Blondeau, parce que vous êtes femme de confiance de la maison, vous croyez pouvoir me faire renvoyer pour une pêche ! Moi !.. vous voulez rire...

Mme BLONDEAU.
Je ne plaisante pas.

FRITZ, ricanant.
Je resterai ici, ne vous en déplaise... J'y resterai par une volonté supérieure à la vôtre... madame Blondeau... et àcelle de bien d'autres ; je ne sortirai de cette maison que par l'ordre de celui qui m'y a fait entrer... entendez-vous ?... C'est ce-

lui-là qui est le maître... Au revoir Mme Blondeau...
(Il sort.)

Mme BLONDEAU, avec étonnement.

Que veut-il dire?

SCÈNE II.

Mme SECHERIN, Mme BLONDEAU.

Mme SECHERIN.

Cet homme a l'air bien impertinent.

Mme BLONDEAU

Impertinent, gourmand, paresseux... et avec tous ces défauts, il a la confiance de M. de Lancry... auquel il a été recommandé par... je ne sais qui... C'est qu'il a raison,... j'aurais beau parler à madame... Il restera, malgré moi, malgré elle...

Mme SECHERIN.

Quoi! Mme de Lancry ne pourrait...

Mme BLONDEAU, vivement.

Hélas! de jour en jour... ma maîtresse ne semble-t-elle pas perdre le peu de pouvoir qu'elle avait sur son mari! et depuis un mois surtout...

Mme SECHERIN.

Ah! cela date donc de notre arrivée à Paris?

Mme BLONDEAU, embarrassée.

Je l'avoue...

Mme SECHERIN, à part.

Se serait-elle aperçue comme moi?... (Haut.) Mme Blondeau, vous êtes une digne femme, pleine d'attachement pour vos maîtres... Je vous estime beaucoup...

Mme BLONDEAU.

Madame...

Mme SECHERIN.

Si je pensais le contraire, je vous le dirais avec la même franchise. Je puis donc sans danger vous faire une question.

Mme BLONDEAU.

Parlez, madame.

Mme SECHERIN, regardant si personne n'écoute.

Est-ce à la présence d'Ursule... de ma belle-fille... que vous attribuez ce changement de M. de Lancry à l'égard de sa femme?

Mme BLONDEAU.

Mais...

Mme SECHERIN.

Point d'arrière-pensée... Soyez sincère, ma bonne madame Blondeau; imitez ma franchise, et parlez-moi sans crainte.

Mme BLONDEAU.

Eh bien! oui... je dois parler dans l'intérêt de ma chère maîtresse...

Mme SECHERIN.

Et aussi dans l'intérêt de mon fils!...

Mme BLONDEAU.

Ecoutez donc, madame! j'ai élevé Ursule et Mathilde; j'ai fait l'éducation première de ces jeunes femmes chez leur tante, Mlle de Maran.

Mme SECHERIN.

Une femme bien méchante...

Mme BLONDEAU, continuant.

Je les ai vues grandir jusqu'à leur mariage, l'une et l'autre ayant perdu leur mère dès le berceau. Je les connais donc comme je connaîtrais mes deux enfans; Mathilde, ma maîtresse, est un ange de vertu, de raison, de bonté. Quant à Ursule... votre belle-fille.

Mme SECHERIN.

Point d'hésitation, Mme Blondeau, dites-moi tout... sans craindre de me blesser.

Mme BLONDEAU.

Ursule a toujours été... faut-il le dire, madame, envieuse de la vertu, de la beauté, de tous les avantages de Mathilde... oui, jalouse, cruellement jalouse de sa cousine; elle a vu avec le plus grand dépit, le mariage de Mathilde, et depuis son arrivée à Paris, vous avez pu juger comme moi, quelle complaisance elle met à entendre les complimens de M. de Lancry. Avec toute autre, je n'aurais aucun souci d'une pareille conduite... Mais je l'ai toujours vue si légère dans l'accomplissement de ses devoirs.. Bref, puisqu'il faut l'avouer, madame, je crains que déjà la coquetterie d'Ursule n'ait brouillé le ménage de Mathilde.

MADAME SECHERIN, se levant.

Mais enfin, d'où vous vient cette crainte?... Je vous en conjure, dites-moi tout ce que vous savez...

Mme BLONDEAU.

Si Mathilde avait un autre mari que M. de Lancry je ne serais pas inquiète. Si elle avait épousé M. de Rochegune, par exemple, dont elle devait être la femme, à qui son père l'avait fiancée tout enfant.

Mme SECHERIN.

M. de Rochegune!...

Mme BLONDEAU.

Oh! c'est un homme celui-là... sincère, généreux, chevaleresque, qui a passé ses jeunes années à combattre en Grèce, en Espagne, partout où il y avait des victimes à défendre, un homme tout sacrifice et tout courage, capable de tous les dévouemens, incapable d'une seule trahison, et qui eût fait le bonheur de Mathilde assurément... M. de Lancry, au contraire, est un de nos gens à la mode... Il aime sa femme, sans doute... mais il ne se ferait aucun scrupule d'en aimer d'autres... D'un caractère faible, changeant, capable de faire le mal et le bien, selon le vent qui le pousse, livré jeune à lui-même et à des amis dangereux, ayant été, en Angleterre, l'inséparable du comte de Lugarto... Avez-vous entendu parler de celui-là, madame?...

Mme SECHERIN.

Non.

Mme BLONDEAU.

Je le comprends... vous habitez d'ordinaire la province, et ces êtres-là ne vivent que dans les grandes villes, comme les monstres dans les grands bois : il est presque toujours à Londres. Je l'ai vu une fois dans ma vie et j'en ai peur encore. Je m'imaginais qu'on ne pouvait être que l'ennemi d'un pareil homme, et cependant M. de Lancry est l'ami, comme je vous le disais, l'ami intime du comte de Lugarto... pour qui il n'a rien de caché, et qui ne peut que lui donner les plus mauvais conseils... Voilà, madame, voilà... toutes les raisons qui me font trembler pour l'avenir de Mathilde.

Mme SECHERIN.

Des craintes et pas de preuves... Ah! quant au portrait que vous avez fait de ma belle-fille, il n'est que trop ressemblant! Je voudrais voir mon fils Sécherin, marié à une autre femme qu'Ursule... Pauvre Benoît! Naïf et tendre comme un enfant, fort et brave comme un lion, c'est un cœur d'or dans un corps de fer... tout le contraire de cette Ursule, qu'il a épousée malgré moi, je vous jure. Mais il l'aime si passionnément, si aveuglément que je tremble pour lui, comme vous tremblez pour Mathilde... Je prévois ainsi que vous tout le mal qu'Ursule peut faire à Mathilde et à mon fils, mais ce mal, il est temps encore de le prévenir, et j'y aviserai aujourd'hui même.

Mme BLONDEAU.

Silence!... voici Mathilde et votre belle-fille... Je vous laisse avec elles...

SCÈNE III.

Mme SECHERIN, MATHILDE, URSULE.

(Ursule et Mathilde vont embrasser Mme Sécherin.)

URSULE.

Bonjour, ma mère!...

MATHILDE.

Madame, vous permettez...

Mme SECHERIN.

(A Mathilde, lui serrant cordialement la main.) Bonjour, mon enfant.

URSULE, à part.

Son enfant!... et pas un mot pour moi!

MATHILDE.

Déjà levée et à l'ouvrage encore!

Mme SECHERIN.

Ah! dame, les gens de province se lèvent de bonne heure, mon enfant, parce qu'ils se couchent de bonne heure. A Rouvray, par exemple, la journée finit pour tout le monde à la nuit tombante... au moment où elle commence pour vous autres, petites folles de Paris!...

URSULE.

Sais-tu, Mathilde, que tu as fait décidément la conquête de ma belle-mère.

Mme SECHERIN, avec froideur.

Seriez-vous jalouse de l'affection que m'inspire votre cousine?...

URSULE.

Moi, je l'en félicite, au contraire... (A Mathilde.) Tu as réussi en un mois, à ce que j'ai vainement tenté depuis mon mariage...

Mme SECHERIN, avec humeur.

Peut-être vous y êtes-vous mal prise?...

URSULE, à Mathilde.

Comme elle est aimable avec moi, ma belle-mère... hein?... qu'en dis-tu? (Plus haut.) Mais, qu'as-tu donc, Mathilde? tu sembles triste...

MATHILDE.

Triste, moi?...

URSULE.

Oui, depuis quelques jours... on dirait que notre arrivée t'a contrariée ; qu'as-tu donc?...

MATHILDE, avec froideur.

Je n'ai rien, Ursule, et je ne sais en quoi ta présence ici pourrait m'attrister!...

GONTRAN, dans la coulisse.

Fritz! Fritz!...

URSULE.

J'entends ton mari ; si tu n'es pas plus gaie que cela... je vais te faire gronder...

SCÈNE IV.

LES MÊMES, GONTRAN DE LANCRY.

GONTRAN, parlant au fond de la cantonade.

Fritz... dites à Pierre de ne pas encore dételer. (A Mme Secherin.) Bonjour, ma chère madame Secherin... Mais, quel intérieur charmant! le délicieux tableau de famille!... Bonjour, Mathilde. (Il la baise au front.) Un vrai tableau flamand!... (Baisant la main d'Ursule.) et vous en êtes la plus gracieuse figure!... (Il cause bas avec Ursule.)

MATHILDE.

Toujours des complimens pour elle, et c'est à peine s'il m'a regardée.

Mme SECHERIN, à part.

Mathilde semble souffrir... (Haut, à M. de Lancry.) Vous êtes sorti de bonne heure ce matin M. de Lancry!

GONTRAN.

Oui... j'ai été essayer des chevaux de voitures... ils sont charmans, et nous aurons maintenant un des plus jolis attelages de Paris. (A Ursule.) Voulez-vous en juger, ma chère cousine? Tenez, ils sont encore attelés dans la cour ; par cette fenêtre vous les verrez parfaitement.

URSULE.

Volontiers, mon cousin. (Elle suit Gontran qui va vers la fenêtre à droite du spectateur.)

GONTRAN, bas.

J'ai une lettre à vous remettre.

URSULE.

Mais vous avez toujours si bon goût, qu'il ne reste qu'à admirer.

Mme SECHERIN, à part.

Observons-les dans cette glace.

MATHILDE, sur le devant de la scène, à part.

C'est toujours à Ursule qu'il s'adresse... son goût qu'il flatte ou qu'il consulte...

GONTRAN, bas à Ursule, et lui donnant un billet.

Il le faut, prenez.

Mme SECHERIN.

Que vois-je, une lettre !

GONTRAN, haut.

Eh bien ! comment les trouvez-vous ?...

URSULE, mettant le billet dans la poche de son tablier.

Charmans !... D'ailleurs, je suis folle des chevaux gris...

Mme SECHERIN, ayant tout vu dans la glace.

J'en étais sûre.

GONTRAN, revenant avec Ursule.

Je suis ravi, chère cousine, que vous trouviez cet attelage à votre gré ; le voilà désormais pour nous d'un prix inestimable.

Mme SECHERIN, à part.

Oh ! cela ne peut se passer ainsi !... et il faut que je sache !...

URSULE, à Mathilde, très gaiement.

Es-tu peu curieuse ?... Oh ! mais aussi toi, tu dédaignes ces futilités-là ; tu es ce qu'on appelle une femme grave, essentielle... (Montrant madame Sécherin.) tu es en un mot la femme rêvée par ma belle-mère...

Mme SECHERIN, se contenant.

Ursule, veuillez, je vous prie, me tenir cet écheveau à dévider.

URSULE, avec une impatience réprimée.

Oui, ma mère ! (Elle se lève et va, devant Mme Sécherin, mettre l'écheveau sur ses mains.) Ne me gardez pas trop long-temps ainsi, au moins !.. Eh bien ! m'appellerez-vous encore paresseuse ?

Mme SECHERIN.

Non, non. (Elle plonge aussitôt la main dans le tablier d'Ursule, et en retire la lettre.) Ursule !... votre conduite est affreuse ! J'ai tout vu dans cette glace.

URSULE, effrayée.

Madame !

MATHILDE.

Qu'y a-t-il ?

GONTRAN, à part.

Elle est perdue... Que faire !...

Mme SECHERIN.

Mon fils saura tout ! M. de Lancry vous a remis cette lettre.

GONTRAN.

Mais, madame...

Mme SECHERIN.

Oh ! monsieur... Malgré toute la politesse que je vous dois... il m'est impossible de souffrir, même chez vous... que sous mes yeux... et près de votre femme...

URSULE, froidement.

Madame, je ne vous comprends pas, avant de m'accuser, vous devriez savoir ce que contient ce papier.

Mme SECHERIN.

Que voulez-vous dire ?...

GONTRAN, à part.

Que va-t-elle répondre ?

URSULE.

Mon Dieu ! madame, rien de plus simple, c'est demain la fête de mon mari, j'ai chargé mon cousin d'une commission relative à une surprise que je ménageais à M. Sécherin, et il m'apportait...

Mme SECHERIN.

Nous allons voir... nous allons voir ! (fouillant dans ses poches.) Mes lunettes !

URSULE, froidement.

Allons, mon cousin, adieu notre surprise.

GONTRAN, à part.

Quelle audace ! quel sang-froid !

MATHILDE, à part.

Dirait-elle vrai ? (Haut.) Mais, j'entends M. Sécherin...

GONTRAN, à part.

Le mari !... cela prend une fâcheuse tournure !...

MATHILDE, à Mme Sécherin, qui cherche dans la table.

Madame, je vous prie...

Mme SECHERIN, furetant toujours.

Nous allons voir !...

SCÈNE V.

LES MÊMES, SECHERIN.

SECHERIN, riche provincial.

Bonjour tout le monde ! Je viens de faire un petit tour de promenade au Jardin des Plantes, le plus joli jardin de Paris ! J'aime mieux ces lions-là que ceux du boulevart.

Mme SECHERIN.

Voilà mon fils ; tout va s'éclaircir...

SECHERIN.

Quoi donc ! maman ?

URSULE, prenant vivement le papier que Mme Sécherin a laissé sur la table en cherchant ses lunettes.

Oh ! une bien terrible aventure...

ACTE 1, SCÈNE VI.

Mme SECHERIN.

Ursule!... Vous osez!... Ce papier... rendez-moi ce papier...

URSULE, affectant beaucoup de gaîté.

Non, chère maman... ceci doit être aussi un secret pour vous.

GONTRAN, à part.

Je respire.

Mme SECHERIN, indignée.

Mon fils!... vous le voyez... vous souffrez...

URSULE, avec gaîté.

Figure-toi que ta mère a vu tout-à-l'heure mon cousin me remettre ce papier en cachette tout comme s'il se fût agi, vraiment, d'une déclaration d'amour.

SECHERIN, riant.

Ah! ah! ah! ce monstre de cousin! ce que c'est que l'habitude pourtant!...

URSULE.

Sais-tu ce que c'est que ce mystérieux papier?

SECHERIN.

Ma foi... non...

URSULE.

Hélas! il faut bien te l'apprendre maintenant, à mon grand regret... C'est tout bonnement la facture du cadeau que j'ai voulu te faire pour ta fête, et que j'avais prié mon cousin de choisir, avec son excellent goût...

GONTRAN, à Mme Secherin.

C'est la vérité, madame...

MATHILDE, à part.

C'est un mensonge!...

SECHERIN.

Tiens, tiens, c'est juste; c'est demain la saint Benoît... Ah! ma petite femme, que je t'embrasse... Ah! mon cousin, vous vous liguez avec ma femme pour me faire des surprises... à la saint Benoît!

URSULE.

Je voulais tout cacher à ta mère... Je voulais que personne ne le sût avant l'heure... et maintenant...

SECHERIN.

Bravo! bravo! ma petite femme, ma Bellotte! Tu as eu raison... Personne ne le saura... pas même maman... Je veux être complètement surpris.

GONTRAN, qui regarde Ursule.

Quelle adresse!

MATHILDE, ébranlée par l'air d'Ursule.

Quelle effronterie!

Mme SECHERIN, hésitant.

Mais mon fils...

SECHERIN, riant.

Mais, maman, vous êtes très indiscrète, ma parole d'honneur.

Mme SECHERIN, hors d'elle-même.

Ainsi, mon fils, vous la croyez?... Vous la croyez!

SECHERIN.

Elle?... mon Ursule, ma femme... si je la crois? Ce n'est pas sérieusement que vous dites ça, maman?... Si je la crois? Est-ce qu'elle est capable de mentir? Tenez, maman, vous voilà encore avec votre manie de soupçonner à tort et à travers... Au moins épargnez cette pauvre Ursule!... Vous me la ferez mourir... Elle si douce, si bonne... si tendre... Mais voyez donc ce beau regard, ce doux sourire?... Les anges du bon Dieu sont-ils autrement?... Allons, allons, avouez que vous êtes un petit peu jalouse d'Ursule. (En riant.) Vous lui en voulez parce qu'elle m'aime aussi... Mais vous avez tort, allez, maman! J'ai assez de cœur pour vous aimer toutes deux.

Mme SECHERIN, à part.

Impossible de le convaincre!... Quel aveuglement!

URSULE, d'un ton affectueux, prenant le bras de M. Sécherin.

Allons, ma bonne mère, venez avec moi. Puisque vous persistez, je vais vous montrer, ainsi qu'à mon cher Benoît, que j'ai dit vrai, et au risque d'anticiper sur demain... lui offrir devant vous le gage de ma sincérité et de mon amour.

SECHERIN, à sa mère.

Hein!... Qu'avez-vous à répondre à cela? Si ce n'est pas à se mettre à genoux devant elle!... (Riant et prenant le bras de sa mère, d'un côté, et celui d'Ursule, de l'autre.) Allons, maman, je n'ai pas de rancune... je vous pardonne! Au revoir, cousine: à bientôt, mon cousin!... Ah! vous faites des cachotteries avec ma femme... Je vous revaudrai ça...

∞∞∞∞∞∞∞∞∞∞∞∞∞∞∞∞∞∞∞∞∞∞∞∞∞∞∞∞∞∞∞∞∞∞

SCÈNE VI.

MATHILDE, GONTRAN.

MATHILDE, à part.

Ah! que je souffre!...

GONTRAN, l'abordant d'un air embarrassé.

Mathilde... me croyez-vous coupable?

MATHILDE, avec une douleur affectueuse.

Oui, Gontran... Je ne suis pas dupe du mensonge d'Ursule... Ah! Gontran... vous me trompez... (Elle essuie quelques larmes.)

GONTRAN, hésitant.

Mathilde!

MATHILDE.

Quand ma tante vous confia le soin de mon avenir, j'obéis sans restriction, sans réserve: je mis toute ma confiance en vous, Gontran; je plaçai tout mon bonheur dans votre amour; et vous me trahissez... Ah! c'est affreux!... Je n'ai pas mérité d'être traitée ainsi.

GONTRAN.

Mathilde, je vous jure...

MATHILDE, l'interrompant.

Que cette lettre n'est pas de vous?... Osez le nier!... Ah! tenez, vous m'avez frappée au cœur!

GONTRAN.

Eh bien! je vous l'avoue... j'ai remis une lettre à Ursule... mais cette lettre n'est pas coupable; elle est méritoire même, et si vous l'aviez lue, Mathilde, loin de m'en blâmer, vous m'en remercieriez.

MATHILDE.

Gontran, n'ajoutez pas la raillerie à la trahison.

GONTRAN, avec tendresse.

Je n'ai jamais parlé plus sincèrement. Tout mon cœur est à toi, Mathilde. Ce que j'écrivais à Ursule, le sais-tu? Eh bien! c'est que je ne sacrifierais jamais mon amour à un caprice, mon bonheur à un plaisir. Oui, je voulais mettre fin à une galanterie qui ne pouvait que t'affliger.

MATHILDE.

Je voudrais pouvoir vous croire.

GONTRAN, tendrement.

Tu doutes encore?

MATHILDE.

Je crains toujours.

GONTRAN.

Voyons... Que puis-je faire pour te rassurer?...

MATHILDE.

Je voudrais une preuve de ce que vous dites.

GONTRAN.

Mais comment te la donner, enfant?

MATHILDE.

Ah! si vous consentiez...

GONTRAN.

Parle... parle... Que veux-tu?

MATHILDE, montrant le cabinet.

Eh bien!... je serais là cachée. Vous feriez venir Ursule ici; vous lui répéteriez ce que vous lui avez écrit; vous lui diriez que, pour ma tranquillité, pour la sienne, elle doit quitter cette maison... Vous hésitez... Ah! Gontran...

GONTRAN, embarrassé.

Non, sans doute; mais ce moyen...

MATHILDE.

Si vous êtes sincère, que vous importe que je vous entende?...

GONTRAN.

Je suis sincère, je te le jure; mais tu peux mal interpréter les paroles d'Ursule... dans le premier moment de son dépit...

MATHILDE.

Mon cœur ne me trompera pas... Allons... j'avais deviné... Oh! c'est affreux...

GONTRAN, à part.

C'est le seul moyen de la rassurer... risquons-le. (Haut.) Tu ne me comprends pas. Ce qui me répugne, c'est le peu de franchise de ce moyen... Mais si tu l'exiges, j'y consens... Seras-tu ainsi rassurée tout à fait?...

MATHILDE.

Oui, oui, Gontran. Ah! je vous remercie. (Elle sonne. A Blondeau qui paraît.) Ma chère Blondeau, va dire à Ursule que je l'attends ici. (Blondeau sort.) Oh! merci, merci encore une fois, mon ami, de me rendre ma confiance, mon repos, mon bonheur! Mais prends garde, au moins, de ne pas faiblir dans ta bonne résolution... Gontran, Ursule est si adroite, si séduisante, que j'ai besoin d'être là pour te fortifier contre elle.

GONTRAN.

J'ai à venger les chagrins que je t'ai fait souffrir.

MATHILDE.

Mon ami, souvenez-vous seulement qu'elle est notre parente, qu'elle a été mon amie, presque ma sœur... Elle est susceptible autant que je suis inquiète; ménagez-la tout en me tranquillisant; mais la voilà, je vous laisse.

(Elle entre dans le cabinet.)

GONTRAN.

Allons!... pour son repos, résignons-nous à l'ennui de cette scène.

SCÈNE VII.

GONTRAN, URSULE.

URSULE.

Où est donc Mathilde?

GONTRAN.

Je vous ai fait prier de venir en son nom, craignant après la scène de tout à l'heure... d'éveiller les soupçons de votre mari.

URSULE, lui montrant une lettre.

Qu'importe mon mari? c'est de cette lettre qu'il s'agit. Cette lettre... avez-vous bien pu l'écrire?... Pourquoi m'avez-vous fait venir?... pour la rétracter sans doute... Oh! oui, n'est-ce pas? n'est-ce pas? vous ne savez pas l'horrible mal qu'elle m'a fait...

GONTRAN, froidement.

Je ne viens pas la rétracter.

URSULE.

L'expliquer alors...

GONTRAN.

Non, madame, la confirmer.

URSULE, piquée.

Ah! mon Dieu! quel changement?... mais est-il bien sincère?...

GONTRAN.

Pourquoi ce soupçon?

URSULE.

Ne vous rappelez-vous plus l'accueil que vous m'avez fait à mon arrivée?...

GONTRAN.

Il est vrai que j'ai eu du plaisir à vous voir.

URSULE.

Du bonheur, mon cousin; vous l'avez dit, et je n'ai rien oublié, moi.

GONTRAN, avec intention.

Soit, Ursule; mais écoutez-moi : Pour rien au monde je ne voudrais continuer de faire souffrir à Mathilde les chagrins que je lui cause... elle est ma femme; elle est aussi tendre que dévouée. Tenez, Ursule, oubliez notre amour. Votre avenir, la tranquillité de votre mari, le repos de Mathilde, le mien, nos devoirs mutuels... tout me fait une loi...

URSULE.

Tout vous fait une loi d'être... parjure?... Me briser sans pitié... ou rendre à jamais Mathilde malheureuse, c'est la loi que vos trahisons vous imposent...

GONTRAN, effrayé, regardant du côté de Mathilde.

Silence... silence...

URSULE.

Vous avez raison... Tenez, vous me faites pitié... j'allais m'abaisser jusqu'aux prières... jusqu'aux reproches! Non, je ne me plaindrai pas... (Avec ironie.) Comme vous, j'oublierai le passé; comme vous, je penserai à cette heure, quoique un peu tard, au repos de l'être bon, généreux, dévoué, que j'ai méconnu comme vous.

GONTRAN.

Bien, Ursule... persévérez dans cette noble résolution, et vous verrez que sa reconnaissance, que le bonheur dont vous jouirez...

URSULE, avec mépris et colère.

Mais il ne voit pas que je raille... et maintenant qu'il a peur de la passion qu'il a follement déchaînée dans mon cœur, il me parle de tranquillité, de repos, d'avenir. Croyez-vous donc qu'on joue impunément avec un amour comme le mien, monsieur de Lancry?... Ah! vous croyez qu'il suffit de me dire oubliez, pour que j'oublie?... Mais vous ne me connaissez donc pas? mais vous ignorez donc ce que je puis, lorsque la jalousie, la haine et la vengeance m'emportent? (Mathilde entre.) Vous ne savez donc pas tout ce qu'il y a de douloureux et d'affreux pour moi de me voir, non seulement sacrifiée par vous... mais sacrifiée à Mathilde... à Mathilde?... L'amour aussi n'a-t-il pas ses droits?

SCÈNE VIII.

LES MÊMES, MATHILDE.

MATHILDE.

Lesquels, madame...

URSULE.

Mathilde!...

MATHILDE.

Oui, Mathilde... qui vient vous demander à quel titre vous portez dans sa maison le trouble et le malheur...

URSULE.

Tout était concerté entre eux! Quelle humiliation !

GONTRAN.

Vous me croyez maintenant!

MATHILDE, serrant la main de Gontran.

Cai, Gontran. (A Ursule.) Vous allez me trouver bien lâche, madame, mais j'aime mieux vous fuir que vous combattre! Vous comprenez, je l'espère, que vous ne pouvez plus rester désormais chez une femme dont vous vous déclarez si hautement la rivale. Vous avez tout pouvoir sur votre mari; il sera donc facile de le décider à repartir pour Rouvray, aujourd'hui même. Quant à nous, Gontran, pour nous éloigner plus encore du danger, nous partirons aussi, nous retournerons à Chantilly, dans cette solitude où nous avons été si heureux, et que nous n'avons quittée que pour venir recevoir madame ici.

(Ursule tombe accablée dans un fauteuil.)

SCÈNE IX.

LES MÊMES, SECHERIN.

SECHERIN, entrant bruyamment et joyeusement. A Mathilde.

Cousine... cousine, vous voulez donc tout savoir aussi !... voyez si c'était vrai! voyez donc? admirez donc? (Il montre une broche qui lui sert d'épingle.) Voilà le cadeau que Bellotte complotait avec Gontran... hein! est-ce beau? Merci ma petite femme, merci! (Il embrasse sa femme. A Gontran.) Merci aussi, cousin, merci... c'est superbe... quel goût vous avez! ça se voit de loin... Il paraît que ça se porte comme ça... une épingle-monstre... que ma femme me donne... une épingle... comme si je ne lui étais pas déjà assez attaché... Ah! ah! ah! je suis si heureux, que j'en ai de l'esprit...

(Il regarde son diamant.)

GONTRAN.

Comment donc ?

SECHERIN.

Je veux révolutionner mon costume qui sent par trop la sous-préfecture; je veux avoir des habits dans le dernier goût pour faire honneur à ma femme et à son épingle! oui, je veux être fashionable comme vous, Gontran! Vive le luxe! vive la mode! Paris! j'aime Paris, parce qu'il n'y a que Paris d'assez beau pour Ursule... Et puisque tu t'y plais, Bellotte, tu y resteras...

URSULE.

Mon ami, vous êtes fou!

SECHERIN.

Oui, fou de bonheur, et c'est ta faute!

URSULE.

Il faut renoncer à tous vos beaux projets, mon ami.

SECHERIN.

Je renonce d'avance à tout ce que tu voudras, que veux-tu, explique-toi?

URSULE.

Je voudrais retourner à Rouvray!

SECHERIN.

Retourner à Rouvray. Voilà du nouveau, par exemple!... Retourner à Rouvray!

URSULE.

Oui, mon ami, et si vous tenez à m'être agréable, nous repartirons aujourd'hui même...

SECHERIN.

Adopté!... Tu sais que je n'ai pas d'autre volonté que la tienne... Mais quelle est la raison de ce brusque départ? c'est inexplicable.

GONTRAN, à part.

Que va-t-elle dire?

URSULE.

Vous ne voudriez pas être indiscret et abuser de la charmante hospitalité que nous a offerte Mathilde, n'est-ce pas?

SECHERIN.

Moi... grand Dieu!

URSULE, regardant Mathilde.

Eh bien! pour des raisons particulières, Mathilde et son mari retournent aujourd'hui même à Chantilly...

SECHERIN.

Vraiment?

MATHILDE.

Oui, mon cousin, excusez-nous! Un motif imprévu nous oblige aujourd'hui même!

SECHERIN.

Ah! c'est différent. Dès que ça arrange ma femme et tout le monde, je n'ai rien à dire... J'aimais Paris, parce que je croyais que Bellotte aimait Paris... Elle aime mieux Rouvray, j'aime mieux Rouvray. Je dirai même plus, maintenant qu'Ursule se prononce pour Rouvray, j'avoue que je suis très content de partir... En province, vois-tu, Ursule, il me semble que tu es plus à moi; ici, dans cette grande ville, j'avais quelquefois peur de te perdre... pauvre petite... Paris est si grand! Ainsi, partons... partons... pour Rouvray.

URSULE, à Gontran.

Voulez-vous ordonner notre départ?

GONTRAN, songeant.

Oui, madame. (A Fritz qui paraît.) Vous commanderez des chevaux de poste pour cinq heures pour M. Secherin, et vous ferez atteler pour moi à la même heure.

○○○

SCÈNE X.

LES MÊMES, FRITZ, puis un DOMESTIQUE.

FRITZ.

Il suffit, monsieur.   (Il sort.)

MATHILDE, bas à Gontran.

Oh! merci, mon ami, merci!

FRITZ, revenant sur ses pas.

Ah! pardon!... j'oubliais... Un domestique de M. le comte de Lugarto vient d'arriver; il demande à remettre lui-même une lettre à monsieur.

GONTRAN.

Qu'il entre (Avec effroi, et à part.) Lugarto! Il est à Paris?...

LE DOMESTIQUE, entrant.

Une lettre de mon maître pour monsieur.

GONTRAN, précipitamment.

Donnez. (A la lecture de cette lettre, sa physionomie s'altère. Après avoir lue.) C'est bien... vous direz à votre maître que je vais l'aller trouver! (Le domestique sort.) Fritz, vous direz de ne pas atteler... je ne pars plus...   (Fritz sort.)

MATHILDE.

Comment?

GONTRAN.

Il faut que je reste à Paris; la lettre que je reçois m'y retient forcément, nous n'irons pas à Chantilly, ma chère Mathilde; du moins, pas aujourd'hui...

MATHILDE.

Pourquoi ce changement? mon ami...

GONTRAN.

Je vous l'expliquerai.

URSULE, à part.

Voilà qui est étrange... (Haut.) Pour nous, mon ami, qui n'avons pas les mêmes raisons de changer d'avis, allons faire nos préparatifs de départ.

SECHERIN.

Quant à nous, nous partons donc tout de même pour Rouvray? Allons! ça me va... Au revoir, Gontran; nous reviendrons vous faire nos adieux. (Ursule sort avec Sécherin, en jetant un coup d'œil profond sur Gontran et Mathilde.)

SCÈNE IX.

GONTRAN, MATHILDE.

MATHILDE.

Pourquoi ne plus partir? (Elle s'arrête comme pour attendre une réponse.) Cette lettre? ce contre-ordre? votre émotion de tout à l'heure... jusqu'à votre silence!... tout m'inquiète pour vous et pour moi.

GONTRAN, rompant le silence avec effort.

Je vous présenterai aujourd'hui même, ma chère amie, le comte de Lugarto qui arrive de Londres...

MATHILDE.

Le comte de Lugarto!

GONTRAN.

Le meilleur de mes amis.

MATHILDE.

Mais, vous ne m'avez jamais parlé de lui?

GONTRAN, troublé.

Rien de plus naturel, ma chère Mathilde : l'amour m'avait fait oublier l'amitié...

MATHILDE.

Et nous sommes forcés de retarder notre départ, parce que ce M. de Lugarto est arrivé?

GONTRAN, avec hésitation.

Allons, ne me boudez pas; je suis plus contrarié que vous de ce retard... mais c'est pour rendre un service au comte, que je reste à Paris.

MATHILDE.

Un service bien important donc!

GONTRAN.

Très important. (D'un air embarrassé.) Je dois vous prévenir que nous verrons souvent, très souvent Lugarto. Je l'aime beaucoup et j'espère, ma chère Mathilde, que vous l'accueillerez avec bienveillance; c'est un homme à ménager.

MATHILDE, avec étonnement.

A ménager, dites-vous?

GONTRAN, rougissant.

Oui, un homme susceptible, veux-je dire? qu'il faut traiter avec beaucoup d'égards... Vous m'obligerez donc d'avoir pour lui de l'indulgence et de lui pardonner quelque excentricité de langage; c'est un original dans toute la force du terme dont les habitudes pourraient vous sembler inconvenantes et ne sont que bizarres, en vérité.

MATHILDE, de plus en plus surprise.

Ah!

GONTRAN, l'interrompant.

Cela tient à sa position tout exceptionnelle, voyez-vous...

MATHILDE.

Mon Dieu! Gontran, cet homme est donc bien étrange, que vous me l'annoncez avec tant de précautions!

MATHILDE.

GONTRAN, poursuivant sans lui répondre.

D'origine brésilienne et de sang mêlé, fils naturel d'un colon de l'Amérique du sud, reconnu par son père dont il a hérité de cinq millions de rentes, resté maître à quinze ans de cette fortune royale, Lugarto a grandi au milieu des excès, des caprices, des défiances, des déceptions qu'engendre une telle richesse. Mais, au fond, il a bon cœur; il est magnifique; il s'est surtout montré dévoué pour moi... dans quelques momens difficiles de ma vie; il n'a pas, à vrai dire, d'autre ami que moi. Isolé par la crainte de n'être recherché qu'à cause de sa fortune, il a en moi seul une confiance qu'il n'a eue en personne. L'honneur, la reconnaissance, tout m'engage donc à l'accueillir aujourd'hui, et à ne pas lui manquer, à présent qu'il a besoin de moi.

MATHILDE.

Je le recevrai comme vous le désirez pour l'amour de vous, Gontran.

GONTRAN.

J'en étais sûr! (Il lui baise la main.) Je vais le trouver. A bientôt. (Il sort.)

SCÈNE XII.

MATHILDE, puis ROCHEGUNE.

MATHILDE, seule d'abord.

Je ne sais, mais je me sens tout inquiète du brusque changement que cet homme a causé ici. Allons, il faut se résigner; Gontran le veut. C'est pour rendre, dit-il, un service important à son meilleur ami. (Rochegune est introduit par Mme Blondeau.) Ce noble sentiment ne peut qu'honorer mon mari à mes yeux... Et dès qu'Ursule aura quitté cette maison... je serai plus tranquille... et si quelque nouveau malheur me menace encore...

ROCHEGUNE, qui est entré sans être vu de Mathilde.

Je serai là pour vous défendre...

MATHILDE.

M. de Rochegune, ici!... mon ami!... mon frère!... vous que je croyais parti pour toujours...

ROCHEGUNE.

Je suis revenu pour vous, Mathilde!

MATHILDE, avec crainte.

Pour moi?

ROCHEGUNE.

Pour vous seule, madame. Écoutez-moi. Quand votre père et le mien se promirent d'unir un jour leurs enfans, je jurai à ces deux hommes vénérables d'être votre ami avant d'être votre époux; je jurai de veiller sur vous, Mathilde... (Mouvement de Mathilde.) sur vous, ma sœur, comme le plus tendre des frères, de vous avertir et de vous préserver de tout danger...

MATHILDE.

Je le sais, et vous l'avez toujours fait fidèlement en toute occasion, lors de la tutelle de ma tante, lors de mon contrat de mariage. Je vous ai toujours trouvé là, près de moi, toutes les fois que j'ai eu besoin de votre secours... (Avec effroi.) Mais aujourd'hui, que m'annonce votre présence?

ROCHEGUNE.

Encore un danger.

MATHILDE.

Quel danger? parlez!

ROCHEGUNE.

Le plus grave de tous!

MATHILDE.

Est-il possible?

ROCHEGUNE.

Oui, madame. Après votre mariage, hélas! je partis en me disant que je ne reviendrais plus que pour vous sauver : je suis revenu.

MATHILDE.

Me sauver, grand Dieu! De qui donc?

ROCHEGUNE.

Du comte de Lugarto.

MATHILDE.

Comment?

ROCHEGUNE.

M. de Lugarto est à Paris, madame, et il est l'ami de votre mari...

MATHILDE.

C'est vrai!

ROCHEGUNE.

Savez-vous bien ce que c'est que M. de Lugarto?... Ah! prenez garde à cet homme; ne le voyez pas, ne le recevez pas, Mathilde : prenez-y garde!

MATHILDE.

Mais pourquoi donc? Expliquez-vous.

ROCHEGUNE.

C'est un homme de tous les vices, je devrais dire de tous les crimes, flétri d'âme et de corps, n'ayant qu'un mobile dans sa vie, l'égoïsme; ne se faisant pardonner l'excès de sa fortune ni par des bienfaits obscurs, ni par d'éclatants services; ne se servant de ses millions que pour ses infâmes plaisirs et pour le malheur des autres!

MATHILDE.

Vous m'effrayez!

ROCHEGUNE.

Tout ce qu'il touche est perdu. S'il approche d'un homme, il est déshonoré; d'une femme, elle est flétrie. S'il respirait un lys, il le noircirait. C'est le mal incarné, un monstrueux produit de l'esclave et du maître, ayant le double péché de son origine, la férocité du maître et la bassesse de l'esclave; un mélange d'écume et de lie, une sorte de Méphistophélès du monde, viciant l'air où il vit, réunissant enfin, dans un effroyable ensemble, la puissance de Dieu et la méchanceté du démon.

MATHILDE.

Mais ne vous trompez-vous pas? Mon mari ne m'a rien dit de semblable de cet homme, au contraire.

ROCHEGUNE.

Vous ne savez pas tout On prétend que ce Lugarto tient M. de Lancry en sa puissance par je ne sais quel lien mystérieux.

MATHILDE.

Que dites-vous?

ROCHEGUNE.

Dieu veuille qu'il n'en soit rien... Je saurai la la vérité : quel qu'en soit le motif, la liaison de votre mari et de cet homme m'épouvante pour vous. D'ici là, soyez prudente dans vos relations avec lui, et comptez toujours sur moi; je serai prêt, en tout cas, à vous défendre, car je veillerai sur eux, Mathilde... je veillerai sur vous.

MATHILDE, lui tendant la main.

Ah! merci, mon ami!

ROCHEGUNE, tristement.

Maintenant, madame, je vous ai avertie de votre danger; je vous quitte pour en fuir un plus grand. (Il soupire.) Adieu, Mathilde, adieu, madame.

(Il sort.)

SCÈNE XIII.

MATHILDE, puis GONTRAN et LUGARTO.

MATHILDE, seule d'abord.

Que faut-il croire? Oh! mon mari ne saurait être aveuglé par l'amitié au point de ne voir que du bien là où il y aurait tant de mal. Il faut se fier à Gontran... Pourtant M. de Rochegune est incapable d'une calomnie. Ah! peut-être l'excès de son zèle pour moi lui aura exagéré le péril.

FRITZ, annonçant.

M. de Lancry fait demander à madame si elle veut bien le recevoir avec M. de Lugarto?

MATHILDE, à part.

Déjà ici! Je tremble malgré moi. (Haut.) Faites entrer.

GONTRAN, entrant avec Lugarto.

Permettez-moi de vous présenter M. de Lugarto, mon meilleur ami.

LUGARTO, effrontément, après avoir salué; à part.

Très belle! (Haut.) Gontran m'avait bien dit que vous étiez charmante, madame; mais, d'honneur, il ne me l'avait pas dit assez!

MATHILDE, embarrassée.

Monsieur...

GONTRAN.

Moi qui n'ai pas la modestie de Mme de Lancry, je vous assure, mon cher Lugarto, que votre suffrage, si difficile à mériter, m'enorgueillit en ce jour.

ACTE I, SCENE XIII.

LUGARTO.

Vous avez raison, car il est sincère; vous savez que je suis franc. Je vous dirai, avec la même franchise, qu'il est très dangereux pour vos amis de voir un pareil trésor; vous allez faire bien des envieux...

MATHILDE, de plus en plus embarrassée.

Vous arrivez de Londres, monsieur?

LUGARTO.

Oui, madame.

GONTRAN.

Vous voyez, ma chère amie, un des principaux habitués des courses d'Ascot et d'Epsom. (A Lugarto.) Est-ce que vous n'avez pas amené quelqu'un de vos chevaux pour les courses du Champ-de-Mars?

LUGARTO.

Bah! vos chevaux français ne valent pas la peine qu'on se dérange pour les battre, et vous autres, Parisiens, vous n'avez pas même de quoi parler honnêtement; laissons cela. Pour annoncer mon retour à Paris, je veux seulement donner un bal splendide; tout ce qui a la prétention de s'appeler le monde viendra mendier des invitations pour y être admis. Il n'y a pas de platitudes qu'on ne fasse faire aux gens les mieux placés, à ces nécessiteux du superflu, quand on sait s'y prendre, et je m'y entends assez... (A Mathilde.) Nous rirons beaucoup de ces grands seigneurs et de ces grandes dames qui m'appellent parvenu et font des bassesses pour m'être présentés. Vous verrez: ce sera une fête ravissante, si vous y êtes surtout, et j'ai presque le droit de compter sur votre présence pour l'embellir; car, entre nous, madame, c'est pour vous que je la donne.

MATHILDE.

J'ignore, monsieur, si M. de Lancry a l'intention...

LUGARTO.

Ah ça! mon cher, vous êtes donc un tyran, que votre femme attende votre avis pour savoir où elle doit aller? (A Mathilde.) Croyez-moi, n'agissez qu'à votre tête, et mettez tout de suite ce cher Lancry dans la bonne voie.

LANCRY, à part.

Combien cette familiarité me pèse!

LUGARTO.

Et vous, mon cher Lancry, dites donc vite à Mme de Lancry qu'une liaison aussi étroite que la nôtre me donne des droits à son amitié.

MATHILDE, avec dignité.

Il me semble, monsieur, que vous vous pressez beaucoup trop de me confondre dans l'intimité qui vous lie à M. de Lancry!

LUGARTO, à part.

De la dignité... (Haut.) C'est que, voyez-vous, on a hâte de jouir des avantages qu'on désire... J'espère donc que vous excuserez ma familiarité en faveur du motif... Allons, c'est dit, n'est-ce pas! vous me ferez la grâce de venir à ce bal?... Vous ne me répondez pas?... Parlez donc au moins pour votre femme, mon cher, puisque vous pensez pour elle.

GONTRAN.

Certainement.. nous irons à cette fête, mon cher Lugarto. (A part.) Quel supplice!...

MATHILDE, à part.

L'effronterie de cet homme m'inquiète autant que l'embarras de Gontran en sa présence.

SCÈNE XIV.

LES MÊMES, SÉCHERIN et URSULE, bras dessus, bras dessous, en costume de voyage.

GONTRAN, présentant Sécherin et Ursule à Lugarto.

M. et Mme Sécherin, nos parens! Le comte de Lugarto, notre ami!

(Saluts réciproques.)

LUGARTO, à Ursule.

J'espère, madame, que vous me ferez l'honneur d'accompagner madame de Lancry?...

SÉCHERIN, étonné.

Tiens, et où donc?

LUGARTO.

A un bal chez moi, monsieur.

SÉCHERIN.

A un bal? et quand donc?

LUGARTO.

Dans huit jours!

SÉCHERIN.

Dans huit jours, non, excusez; nous danserons à Rouvray, si ma femme a envie de danser... on ne s'amuse qu'à Rouvray.

LUGARTO, à Ursule.

J'espère que madame aura la bonté de retarder un peu son départ... et qu'elle daignera bien me sacrifier quelques jours.

URSULE.

C'est impossible, monsieur.

SÉCHERIN.

Oh! impossible... tout ce qu'il y a de plus énormément impossible.

LUGARTO, bas, à Ursule et durement.

Impossible? (Bas.) Je suis sûr moi qu'un seul mot suffira pour faire l'impossible.

URSULE.

Monsieur!...

LUGARTO, toujours bas et durement.

Si je parlais seulement du fermier Anselme.

URSULE, effrayée.

Le fermier Anselme... ah! mon Dieu!...

LUGARTO, vivement et bas

Vous viendrez, n'est-ce pas? (Haut.) Eh bien!

madame, consentez-vous à m'accorder cette gracieuse faveur?...
URSULE.
Ce sera comme mon mari voudra...
LUGARTO, se retournant vers Sécherin.
Vous entendez, monsieur.
SECHERIN, étonné.
Ce sera comme Bellotte voudra.
URSULE.
Eh bien ! monsieur, si mon mari le désire autant que moi...
SECHERIN.
Hein ? comment... qu'est-ce que tu dis. Tu le désires donc ?... mais je le désire plus que toi d'aller à ce bal ! je m'en fais une fête de ce bal !
LUGARTO, à Ursule.
Très bien !... (Haut.) Mille remercîmens, madame !...

SECHERIN.
Allons, décidément, l'on ne s'amuse qu'à Paris.
LUGARTO, à Ursule.
Je compte donc sur vous, madame. (A Mathilde.) Sans rancune. (Il lui tend la main ; Mathilde le salue.) Ah bah ! vraiment? vous êtes piquée. Décidément mon cher, votre femme me tient rigueur... Tant pis pour vous ! je serai forcé de lui faire ma cour, pour la ramener de ses préventions ! Je ne vous prends pas en traître, Gontran ; je vous avertis loyalement que je commencerai les hostilités lundi...
MATHILDE, à part,
M. de Rochegune avait raison ; cet homme m'épouvante.
LUGARTO, saluant tout le monde.
A lundi. (A part, regardant Mathilde.) Très belle.

(Il sort.)

ACTE DEUXIÈME.

Le théâtre représente un salon devant la salle de bal. On entend la musique. Le salon est fermé pendant le commencement de l'acte par des draperies que l'on relèvera à la fin, et qui laisseront voir un jardin au fond de la scène. Le bal est travesti.

SCÈNE I.

DEUX INVITÉS.

PREMIER INVITÉ.
Tout Paris est chez Lugarto aujourd'hui, quelle fête ce nègre blanc nous donne !
DEUXIÈME INVITÉ.
Oh ! ce n'est pas à nous qu'il la donne ; c'est à Mme de Lancry.
PREMIER INVITÉ.
Mme de Lancry?
DEUXIÈME INVITÉ.
Sans doute ; ne savez-vous pas que Lugarto est du dernier mieux avec elle?... du moins c'est le bruit du monde...
PREMIER INVITÉ.
Allons donc, c'est impossible... Lugarto n'est ici que depuis huit jours.
DEUXIÈME INVITÉ.
C'est un homme extraordinaire ; rien ne lui résiste... où les autres échouent, il triomphe. Il est si riche... et si bizarre !... Ses fêtes sont des fêtes à part... son hôtel a un cachet original... tout ici a une couleur excentrique... Mais voici Mme de Lancry avec son mari... s'ils nous avaient entendus... qu'ils ne nous reconnaissent pas du moins ! Venez.

(Les deux invités sortent d'un côté. Mathilde et Gontran entrent de l'autre côté.)

SCÈNE II.

GONTRAN, MATHILDE.

GONTRAN.
Puisque vous êtes fatiguée, reposez-vous ici.
MATHILDE, s'asseyant.
Me direz-vous enfin quelle raison mystérieuse, quel motif fatal vous force de me traîner à ce bal où je ne voulais pas venir ?
GONTRAN.
Encore !... mais en vérité, ma chère Mathilde, je n'ai pas d'autre motif, d'autre raison que d'être agréable à notre ami ; et même à ce propos je devrais vous chercher querelle, pour n'avoir pas mis plus de complaisance à venir à cette fête.
MATHILDE, avec anxiété.
Mon ami, je ne me sens pas bien... je voudrais partir le plus tôt possible.

GONTRAN.

Vous ne ferez pas cette injure à Lugarto !... Venez, retournons au bal...

MATHILDE.

Non... laissez-moi du moins respirer ici...

GONTRAN.

Boudez donc à votre aise, méchante femme !... Je vous laisse; je retourne dans la salle du bal pour faire excuser votre absence...

(Il lui baise la main et sort.)

SCÈNE III.

MATHILDE, URSULE, SECHERIN.

SECHERIN, en costume ridicule.

Dieu ! le beau bal !... la belle fête, le beau raout, comme ils appellent ça, ceux qui parlent anglais en français ? Et le quadrille costumé qui n'est pas commencé... qu'est-ce que ce sera donc encore ? Quelles toilettes !.. quelle musique ! quel parfum !.. C'est un pays de fées que ce Paris. Décidément, ça mieux que Rouvray, et je veux que ma petite femme y demeure... (Mathilde fait un mouvement.) C'est son élément; voyez comme elle y est heureuse, comme ses yeux brillent... Jamais je ne l'ai vue plus jolie ; n'est-ce pas, cousine ?

URSULE.

Taisez-vous donc, Sécherin. (A Mathilde.) Vous trouvez-vous un peu mieux ?

MATHILDE.

Je vous remercie, madame.

SECHERIN.

Vous ! madame ! Ah ça ! mais qu'avez-vous donc toutes deux à ne plus tutoyer ?

URSULE.

Tenez, mon ami, laissez nous; allez, voir je vous prie, quand le quadrille commencera; vous reviendrez nous en avertir; nous vous attendrons ici, Mathilde et moi.

SECHERIN.

J'y vais j'y vais, despote. (A part.) Elles sont donc fâchées ! Qu'est-ce qu'elles ont donc ?... Bah ! elles se raccommoderont; Ursule est si gentille !

SCÈNE IV.

URSULE, MATHILDE.

MATHILDE.

Ainsi votre intention, maintenant, est de rester à Paris, malgré la promesse que vous m'avez faite ?

URSULE.

J'obéis aux volontés de mon mari, madame.

MATHILDE.

Ah ! ne plaisantez pas ! M. Sécherin fait tout ce que vous voulez... Quelles sont vos intentions ?... répondez ?

URSULE, avec ironie.

Mais c'est une véritable tyrannie !... Paris m'est-il défendu ?... de par votre jalousie ? J'ai quitté votre maison; que voulez-vous de plus ?

MATHILDE.

Ursule, écoutez-moi une dernière fois ! Je vous demande; s'il le faut, je vous supplie de ne pas prolonger votre séjour ici. Au nom de notre ancienne amitié, ayez pitié de mon repos ! J'ai peur, eh bien ! oui, j'ai peur de l'influence de vos séductions sur Gontran ; oui, malgré ses promesses; malgré les vôtres, j'ai peur... Pour l'honneur, pour la paix de ma maison, Ursule, partez , je vous en conjure, partez !

URSULE, avec ironie.

En vérité , vous êtes trop modeste, Mathilde, et vous m'attribuez une puissance que je n'ai pas. Votre mari , d'ailleurs , ne m'aime plus. N'avez-vous pas été témoin de sa bonne résolution ? En quittant votre maison, au risque d'éveiller les soupçons de mon mari et de justifier ceux de ma belle-mère , j'ai cru vous rassurer ; je ne puis faire davantage et sacrifier mon repos à vos chimères.

MATHILDE.

Craignez pour votre repos, si vous troublez le mien. D'un moment à l'autre , M. Sécherin devinera pourquoi, si près l'un de l'autre, nous ne nous voyons plus. Prenez garde !

URSULE.

Des menaces ?

MATHILDE.

Je ne vous menace pas , mais je vous préviens qu'il y va de mon avenir, de mon bonheur ; oui , j'ai le secret pressentiment qu'une des questions les plus importantes de ma vie s'agite aujourd'hui ! Je lutterai donc de toutes mes forces , par tous les moyens, pour conserver ce que vous voulez me ravir. Ne me poussez pas à bout ; sinon , je vous démasquerai.

URSULE.

Eh bien ! faites : je saurai me défendre ou me venger... Ah ! vous voulez me démasquer !... Regardez-moi donc bien en face !

MATHILDE.

Oh ! elle m'épouvante !

URSULE.

Voyez-moi donc enfin telle que je suis !... votre ennemie mortelle !... Oui, je suis lasse de dissimuler ma haine !...

MATHILDE.

Votre haine... votre haine, mon Dieu ! que vous ai-je donc fait ? J'ai beau chercher, fouiller au fond de mes souvenirs, jamais je ne vous ai fait le moindre mal. Mes joies, mes espérances, ma fortune même, j'ai voulu tout partager avec vous; je ne trouve en moi qu'amitié et bienfaits, et je ne trouve en vous que haine et vengeance ; pourquoi, pourquoi donc?

URSULE.

Pourquoi?... Eh bien ! je vais vous le dire : je vous hais, parce que j'ai souffert dans toutes mes passions à cause de vous ! je vous hais, parce que j'ai subi sans cesse et à tous propos, humiliations, duretés et mépris pour vous; enfant, les punitions... jeune fille, les dédains, pendant qu'on vous prodiguait à vous les louanges, les flatteries, les récompenses... Je vous hais, parce que j'entends dire partout que vous avez toutes les vertus, toutes les qualités, tous les avantages, parce que vous êtes riche, belle, fêtée, recherchée, aimée de tous; car il n'y a pas jusqu'à ma belle-mère qui ne vous ait préférée à moi. Je vous hais, enfin, parce que vous avez épousé M. de Lancry qui, avant de vous connaître, était à mes genoux, M. de Lancry en qui j'avais mis toutes mes espérances de jeune fille, M. de Lancry, enfin, que j'aimais avant votre mariage.

MATHILDE.

Et que vous aimez encore après, n'est-ce pas ?

URSULE.

Eh ! oui.

MATHILDE.

Vous l'avouez? Ah ! s'il en est ainsi, je suis perdue, mon Dieu !... Rien ne vous touchera, ni mes prières, ni mes larmes, ni les angoisses de ce cœur blessé! Eh bien ! rien ne me touchera non plus ! Je n'ai plus de ménagemens à garder ; je m'adresserai à M. Sécherin, à votre mari, lui-même ; je lui révèlerai tout ce que je sais. Non, rien ne m'arrêtera, vous dis-je ? c'est pour moi la vie ou la mort.

URSULE.

C'est donc la guerre que vous me déclarez ?

MATHILDE.

La guerre, soit !... J'aime mieux m'exposer à votre colère, que de m'abaisser jusqu'à votre amitié.

(Elle sort.)

SCÈNE V.

URSULE, puis LUGARTO.

URSULE, seule d'abord.

Oh ! je ne reculerai devant aucuns moyens pour triompher de toi, Mathilde... pour satisfaire à la fois et ma haine et mon amour ! La guerre donc !

LUGARTO, ayant entendu Ursule.

Oui, la guerre, et je serai votre plus fidèle allié.

URSULE.

Monsieur de Lugarto !

LUGARTO.

Tout prêt à servir votre haine et votre amour...

URSULE.

Mon amour !

LUGARTO.

N'ai-je pas déjà commencé en vous forçant de rester à Paris ?... ne m'en avez-vous pas su gré?

URSULE.

Qui vous a dit, monsieur?

LUGARTO, riant.

Mon petit doigt probablement... car il me dit tout... jusqu'au nom du fermier Anselme.

URSULE.

Oh ! de grâce !

LUGARTO.

Rassurez-vous... je n'emploie les grands moyens... qu'à la dernière extrémité... D'ailleurs, à quoi bon?... nous avons mille raisons d'être amis... N'avons-nous pas les mêmes intérêts?...

URSULE.

Je ne vous comprends pas encore, monsieur...

LUGARTO.

Vraiment? pauvre femme ! vous êtes si naïve... Vous aimez Gontran?

URSULE.

Monsieur...

LUGARTO.

Vous l'aimez autant que vous haïssez Mathilde. Je serai bref; les momens sont précieux... Si vous y consentez... et vous y consentirez... Gontran vous sacrifiera tout, devoirs, famille, honneur ! tout, jusqu'à l'amour de Mathilde !...

URSULE.

Jusqu'à Mathilde !

LUGARTO.

J'aime ce cri de haine... il est d'un heureux augure... Ecoutez-moi donc... A minuit, une voiture de poste sera à la porte du jardin de cet hôtel. A la faveur du tumulte du bal, vous disparaissez, et vous partez pour Londres avec Gontran !

URSULE.

Fuir... avec Gontran !... Un tel scandale !... non...

LUGARTO, l'examinant avec ironie.

Faut-il vous contraindre à faire ce que vous désirez peut-être ?... Voulez-vous avoir l'air de céder à la force?... soit... je vous donnerai cette innocente satisfaction. Eh bien ! si vous refusez de porter à Mathilde ce coup mortel, de lui enlever Gontran... jugez donc... de lui enlever Gontran à cette femme que vous haïssez... qui vous menaçait tout à l'heure...

URSULE.

Oh ! laissez-moi... laissez-moi... vous êtes mon mauvais génie...

LUGARTO, avec ironie.

Bien, bien... c'est dans votre rôle. . Pour vous

être agréable, je continue le mien... Si vous refusez de partir à minuit avec Gontran... à minuit, je parle à M. Sécherin du fermier Anselme...

URSULE.
Mais vous êtes donc le démon ?...

LUGARTO.
Flatteuse !... Allons ; à minuit, votre haine... votre amour... votre vengeance... tout sera satisfait...

URSULE.
Non, non ; d'ailleurs, M. de Lancry aime trop Mathilde pour me faire un tel sacrifice.

LUGARTO.
Lancry n'aime que vous !... il viendra lui-même vous offrir à genoux de tout abandonner pour vous ; j'en réponds.

URSULE.
Lui... c'est impossible !...

LUGARTO.
Lui... Gontran... il viendra, vous dis-je, et à minuit... il vous attendra... Oh ! pas de paroles inutiles... Tenez, j'entends votre mari qui vous cherche... Permettez-moi de vous conduire vers lui. Vous avez bien compris? à minuit !

(Il la conduit au fond ; elle sort.)

SCÈNE IV.

LUGARTO, seul.

Allons, tout va bien ! Encore une qui cède à mon pouvoir. Mathilde seule y résisterait-elle ?... Une fois débarrassé du Gontran, nous verrons ! (Il sonne un domestique.) Qu'on aille chercher M. de Lancry. (Silence ; on entend l'orchestre.) Quelle foule !... quel bruit ! quelle fête !... Et c'est pour moi, enfant du désert, fils d'esclave, mulâtre maudit... oui, c'est pour moi, sauvage d'Amérique, que tous ces êtres blancs et civilisés, s'agitent dans cet hôtel, marionnettes qui dansent pour m'amuser ; oui, c'est pour moi que ces femmes se parent, que ces fleurs s'épanouissent, que ces cristaux brillent, que ces instrumens chantent ! Pour moi toute cette fête, pleine d'esprit, de luxe, de beauté, de plaisir... Et pourtant on me craint, on me méprise ; l'on dit que je suis laid, que je suis méchant... (Il rit.) Oui... comment, serais-je autrement ?... Comment n'aurais-je pas, tout le premier, mépris et haine pour cette vile race humaine ! Je n'ai pas besoin de vertus ni de qualités, moi... Les hommes m'honorent, les femmes me recherchent, parce que je suis riche ; je ne puis donc les aimer, les estimer que ce qu'ils valent. (Silence.) Ne suis-je pas une exception au monde ?... Ma mère, une négresse, est morte sous les coups de son maître, après m'avoir mis au jour. Ce maître, qui était mon père, perdit ses fils légitimes, et se souvint alors de son enfant naturel, qui était son esclave ; il fut forcé de me reconnaître avant de mourir pour me laisser son nom et sa fortune... Mais je pris la fortune sans le nom. Aussitôt j'usai de cette fortune en vrai maître, ou plutôt en affranchi, jusqu'à la satiété. J'arrivai vite aux limites de la puissance humaine, et ne rêvai plus que l'impossible... Dégoûté alors de ma vie coloniale, je me dis : je suis le maître ici ; les esclaves sont à moi corps et âme ; je n'ai rien à désirer ; allons voir les hommes libres, j'aurai peut-être à vouloir quelque chose... Eh bien ! la vieille Europe et la jeune Amérique se ressemblent. Partout des gens qui se vendent ; partout bazar, marché, corruption... partout des esclaves ; seulement la chaîne est d'or, et n'en est que plus dure... J'ai voulu être noble... j'ai acheté un nom et un titre... je suis le comte de Lugarto, un noble noir ! (Il rit.) J'ai acheté des cheveux pour cacher ma laine ; j'achèterais leur peau, si j'en voulais changer. Oui, il n'est rien d'impossible à cinq millions de rentes. O mes vrais ancêtres ! Faust, Don Juan, Tantale ; vous, mes maîtres dans le dégoût et la tentation, vous tous dévoués à l'enfer. Je connais votre supplice, car j'ai souffert comme vous la stérilité dans l'abondance, la satiété dans l'infini du désir... Non, hélas ! je n'ai rien à souhaiter, rien qui me résiste, si ce n'est peut-être l'amour de Mathilde... Oh ! si j'avais enfin trouvé mon idéal ! O Mathilde ! on te dit femme à principes, à vertu... La vertu, le devoir !... Quel bonheur ! si elle pouvait mettre dans ma vie le piquant qui lui manque, et sa vertu était de l'antipathie ! J'en suis réduit à souhaiter la haine... Quel bonheur si elle pouvait me détester !

SCÈNE VII.

LUGARTO, GONTRAN.

GONTRAN.
Vous m'avez fait demander, mon cher Lugarto ?

LUGARTO.
Oui.

GONTRAN.
Et pourquoi ?

LUGARTO.
Je viens de voir Ursule, cette pauvre femme raffole de vous, mon cher.

GONTRAN.
Que voulez-vous que j'y fasse ?

LUGARTO.
Presque rien... que vous l'enleviez !...

GONTRAN.
Vous vous moquez, Lugarto.

LUGARTO.

Je vous dis que je veux que vous l'enleviez cette nuit.

GONTRAN.

Vous n'y songez pas?

LUGARTO.

Qu'est-ce que c'est?... de l'hésitation, je crois?... Faut-il vous le redire une troisième fois? je veux que vous l'enleviez, sinon...

GONTRAN.

Vous parlez sérieusement?

LUGARTO.

Ne m'obligez pas de vous le prouver. Ce soir donc, à minuit... Une berline et des chevaux de poste vous attendront à la porte du jardin, derrière mon hôtel... et vous partirez avec Ursule... pour Londres; elle y consent...

GONTRAN.

Je ne puis vous croire... Allons, Lugarto, c'est une folie.

LUGARTO.

Vous l'avez dit, une folie de carnaval; mais j'y tiens; et cela sera... m'entendez-vous?...

GONTRAN.

Je vous entends... Je sais quel est votre fatal pouvoir sur moi...

LUGARTO.

Obéissez donc!

GONTRAN.

Au moins que je sache le motif...

LUGARTO.

Vous êtes bien curieux aujourd'hui.

GONTRAN.

Mais c'est une tyrannie épouvantable...

LUGARTO.

Vous êtes bien récalcitrant aujourd'hui.

GONTRAN.

Mais enfin... Mathilde... l'abandonner, la sacrifier... cela est infâme.

LUGARTO.

Vous êtes bien vertueux aujourd'hui; il est dommage que vous commenciez un peu tard...

GONTRAN, baissant la tête. A part.

Ah! malheur à moi! (Haut.) Mais, mon Dieu!...

LUGARTO, durement.

Plus de mais... Vous déciderez vous-même Ursule à vous suivre, et vous n'aurez pas grand'peine à la convaincre de votre amour; on croit aisément ce qu'on souhaite. Elle va venir. Voici ce que je veux. Vous vous rappelez la tragédie de Britannicus?... Néron commande à Junie la froideur dans son entretien. Moi, je vous ordonne ici le contraire... Regards, gestes, discours, animez, enflammez tout durant votre entretien avec elle; que rien ne témoigne en vous ni dégoût, ni chagrin; que toutes vos paroles respirent les désirs de l'amour. Caché près de ces lieux, je vous verrai, monsieur, et d'ailleurs le résultat me prouvera votre obéissance, et vous me répondrez, entendez-vous? de la résistance d'Ursule comme elle me répondra de la vôtre. Si vous consentez l'un et l'autre, vous porterez à la boutonnière une fleur du bouquet d'Ursule, quand le quadrille commencera. J'occuperai Mme de Lancry le reste du bal, afin qu'elle ne s'aperçoive pas trop de votre absence. Allez, et souvenez-vous!...

(Il sort.)

SCÈNE VIII.

GONTRAN, puis URSULE.

GONTRAN.

Qu'exige-t-il de moi, grand Dieu! Oh! il le veut! c'est ainsi qu'il parle quand il veut... et tout ce qu'il veut je dois le faire, hélas! sinon... (Avec effroi.) Oh! c'est horrible... horrible! et je suis lié à ce démon par une chaîne indissoluble, infernale! Il me demanderait ma vie, mon âme, que je ne pourrais rien refuser. Épouvantable destinée que la mienne. Malheur, malheur à moi! Ciel... Ursule... que vais-je lui dire, mon Dieu!... Mathilde, Mathilde, pardonnez-moi!

URSULE.

Gontran seul ici; M. de Lugarto ne m'a pas trompée.

GONTRAN, à part.

Allons, il le faut. (Haut avec effort.) Vous cherchiez votre mari, madame?

URSULE.

Non, je le quitte. Gontran!...

GONTRAN, à part.

Ah! je ne pourrai jamais... (Voyant passer Lugarto.) Lugarto! il faut obéir! (Haut.) Je fuis aussi Mathilde afin de me rapprocher de vous...

URSULE, à part.

Ah! il est donc vrai!... (Haut.) mon Dieu, est-ce bien vous que j'entends, mon cousin?

GONTRAN, hésitant.

Moi-même, en vérité.

URSULE.

Je ne vous reconnais plus... Qui donc a pu vous changer ainsi?

GONTRAN.

Je suis toujours le même, je vous assure.

URSULE.

Vous qui juriez que Mathilde avait tout votre amour?

GONTRAN, voyant Lugarto agiter le rideau.

Est-ce que Mathilde ne vous soupçonnait pas?...

URSULE.

Vous! qui m'avez écrit cette lettre si cruelle?... vous qui, enfin, il y a huit jours, m'avez priée si durement de quitter votre maison!...

ACTE II, SCENE IX.

GONTRAN, à part.

Ah ! je ne puis plus continuer. (Voyant Lugarto agiter le rideau qui le cache. Haut.) Est-ce que Mathilde n'était pas cachée ?... Cette lettre, cet entretien ; comédie pure !... Il fallait rassurer Mathilde, votre mari, tout le monde ; prouver que je ne vous aimais pas, pour vous aimer mieux.

URSULE.

Quoi ! tout était feint. (A part.) Et je n'ai rien deviné. (Haut.) Vous m'aimeriez encore !..

GONTRAN.

Toujours ! Ursule... plus que jamais ..

URSULE.

Mais comment croire, après tant de feintes ? Un langage si différent a de quoi me surprendre.

GONTRAN.

Mais non vous déplaire. (A part.) Oh !... c'est horrible !

LUGARTO, à voix basse.

Allons, donc !

GONTRAN.

La preuve que c'était un jeu pour cacher mon amour, c'est que moi qui vous priais si bien de nous quitter alors, je vous offre... tous les sacrifices qu'un homme peut faire à celle qu'il aime.

URSULE.

Que dites-vous ?

GONTRAN.

Oui, Ursule ; je vous offre de partir, de fuir la France, de briser des chaînes qui nous pèsent... Dites un mot, et je romps avec le monde, avec mes devoirs, avec tous mes liens, pour aller vivre seul avec vous et tout à vous...

URSULE.

Ah ! je ne puis encore me fier à vos paroles...

GONTRAN, à part.

Elle refuse, merci mon Dieu ! (Entrevoyant Lugarto, effrayant de menace.) Lui, grand Dieu ! oh ! il faut qu'elle accepte ! sur mon honneur, sur ma vie, il le faut ou je suis perdu ! (Haut.) Ursule, répondez, voulez-vous me croire ? Ursule, acceptez-vous ?

URSULE.

Non... Gontran... je n'ose vous croire encore.

GONTRAN.

Mais il le faut. Songez donc à ce que je sacrifie pour vous : pays, fortune, avenir... Mathilde, enfin. Je vous la sacrifie... Je ne vous ai jamais tant aimée... Ah ! vous ne comprenez pas cela, vous autres femmes ; vous ne voulez que l'amour hypocrite... Vous aimez mieux partager lâchement votre cœur, que d'avouer noblement un seul amour. Allons, il n'y a que les hommes qui osent aimer.

LUGARTO, à voix basse.

A la bonne heure !

URSULE.

Ah ! Gontran, je vous crois, je vous crois maintenant... Ah ! malheureuse...

MATHILDE.

GONTRAN.

La fatalité le veut ! Ursule, vous consentez... nous partirons !

URSULE.

Silence ! voici quelqu'un... Mathilde...

GONTRAN, entraînant Ursule.

Oh ! venez, venez.   (Ils sortent.)

SCÈNE IX.

LUGARTO, puis MATHILDE.

LUGARTO.

Ils partiront... (A Mathilde qui entre.) Que je suis heureux, madame, du hasard qui me fait vous rencontrer !

MATHILDE.

Soyez assez bon, monsieur, pour prévenir M. de Lancry que je me sens plus fatiguée, et que je désirerais partir.

LUGARTO.

Comment ! partir ?... Y pensez-vous, madame ? au moment le plus brillant de la fête !

MATHILDE, sonnant un domestique.

Allez, je vous prie, dire à M. de Lancry que je l'attends ici.   (Le domestique sort.)

LUGARTO.

Quitter une fête que j'ai donnée pour vous... oui, pour vous seule... Oh ! je ne le souffrirai pas.

MATHILDE.

Vous oubliez, monsieur.

LUGARTO.

Je ne le souffrirai pas, vous dis-je ; pas avant, du moins, de vous avoir fait un aveu qui vous surprendra peu sans doute.

MATHILDE.

Monsieur...

LUGARTO.

Et encore, cet aveu, est-il besoin de vous le faire ? Ne l'avez-vous pas déjà deviné ? Eh bien !... oui, je n'ai pu vous voir sans vous aimer avec passion, avec délire, avec folie, et pardonnez-moi ! je n'ai pu vous aimer, moi, barbare de l'autre monde, sans vous le dire ! Vous ne me répondez pas ! Mon amour vous offense-t-il ?... Votre silence...

MATHILDE, avec fierté et mépris.

Il est des sentimens, monsieur, que le silence peut seul exprimer.

LUGARTO.

Vous ne me croyez peut-être pas capable de vous aimer comme vous méritez de l'être ? Vous croyez à ma réputation ?... il dépend de vous de la changer. Oh ! vous verrez ce que c'est que d'être aimé par un homme à qui obéissent les hom-

3

mes, par un homme qui peut faire de vous la plus brillante, la plus enviée parmi les femmes!... Ah! répondez... De grâce, un mot... un seul mot. Tenez, je suis à vos genoux, moi devant qui tout s'humilie.
(Il met un genou en terre.)
MATHILDE.
Monsieur, je suis chez vous, et vous m'insultez... cela est infâme! (Elle veut sortir.)
LUGARTO, la retenant et à part.
Elle résiste... O bonheur! (Haut.) Vous me repoussez, madame!... Eh bien! le croiriez-vous?... votre sévérité me comble de joie. Oui, Mathilde, vous repoussez l'homme qui peut mettre des millions à vos pieds. Merci!... Un mot de votre bouche, et je vous entourerais d'un luxe royal, je couvrirais vos épaules d'un manteau de diamans, je mettrais sous vos pieds des tapis de fleurs, j'achèterais le génie des poètes pour chanter vos louanges. Enfin, vous auriez droit à l'admiration de tous les hommes, à l'envie de toutes les femmes... Vous rejetez tout cela... Merci, Mathilde!... Permettez-moi donc de chercher à me faire aimer pour moi-même... Si vous saviez combien j'ai toujours souhaité l'amour d'une femme telle que vous pour devenir meilleur... Oh! ne me repoussez pas... Permettez-moi de vous adorer en silence, d'être heureux tout bas... Ne condamnez pas mon amour, avant de savoir de quel dévouement il est capable. (Silence.) Vous gardez encore le silence! Ainsi, rien ne vous émeut de mon amour, et vous n'éprouvez en retour...

MATHILDE.
Que mépris et dégoût.
LUGARTO.
Du mépris! du dégoût!... Eh bien! donc, à d'autres moyens... C'est à genoux, entendez-vous, femme orgueilleuse? à genoux, que vous me supplierez bientôt d'avoir pitié de vous! Vous ne savez donc pas que je vous tiens, Gontran et vous, en ma puissance; que d'un mot je puis vous faire tomber là évanouie de terreur à mes pieds!...
MATHILDE.
O ciel! Qu'entends-je?... Dieu soit béni! Voici Gontran!

SCÈNE X.

LES MÊMES, GONTRAN, puis SECHERIN, ROCHEGUNE; DANSEURS, DANSEUSES, en costumes variés.

MATHILDE, se jetant au devant de Gontran.
Ah! emmenez-moi! sauvez-moi!
LUGARTO, à part.
Il partira... Il porte une fleur. (A Mathilde.) N'achevez pas... ou votre mari est perdu!...

MATHILDE, à part.
M. de Rochegune avait dit vrai.
GONTRAN.
Qu'avez-vous, Mathilde?... Oh! j'ai peur de comprendre!
MATHILDE.
Je vous en supplie, par pitié... sortons d'ici... sortons!
GONTRAN, à part.
Que s'est-il donc passé?
SECHERIN, précédant Rochegune et les autres invités.
Le quadrille!... le quadrille!
(Les rideaux se lèvent.)
GONTRAN, à part.
Oui, oui... malheur à nous! (Haut.) On vient... remettez-vous.
MATHILDE.
Ah! Gontran...
LUGARTO, à Mathilde.
Le quadrille va commencer, madame; permettez-moi de vous conduire à votre place.
MATHILDE, conduite par Lugarto.
Devant le monde, comment résister?... Ah! qui donc me protégera ici?
ROCHEGUNE, bas à Mathilde par derrière.
Moi; silence!
MATHILDE.
Rochegune... merci... mon Dieu!

(Le quadrille se forme. Pendant ce ballet, Lugarto est assis à côté de Mathilde et d'Ursule. Sécherin à côté d'Ursule et de Gontran. Rochegune se tient à portée d'entendre Lugarto et de parler à Gontran.)

LUGARTO, à Mathilde.
Reprenons notre entretien où nous l'avons laissé...
ROCHEGUNE, à part
Ecoutons!
LUGARTO.
Nous en sommes donc toujours aux menaces.
MATHILDE.
Monsieur, vous abusez cruellement...
ROCHEGUNE, à part.
Le misérable, comme il la torture!
LUGARTO, se penchant vers Mathilde avec affectation.
Ah! vous êtes forcée de m'entendre... tout le monde a les yeux sur nous...
MATHILDE.
Monsieur, je vous en supplie; on nous regarde...
ROCHEGUNE, à part.
Que de douleurs dans cette fête!
LUGARTO.
Je le sais bien; mais il ne tient qu'à vous qu'on ne devine pas ce que je vous dis. Au reste, tout le monde le soupçonne déjà. Comment aurais-je pu cacher ma préférence. Je ne puis vous le taire, vous êtes affreusement compromise. A quoi bon me repousser? on vous croit déjà coupable.

ROCHEGUNE, à part.
Oh!... cela ne peut continuer.
SECHERIN, à part.
Oh! c'est trop fort aussi...
GONTRAN.
Que lui dit-il donc ainsi ?.. Mathilde se trouble !
ROCHEGUNE, à Gontran.
Monsieur, je m'adresse à vous parce que vous êtes là... mais si vous ne faites pas taire cet homme à l'instant, je vais le souffleter. Depuis une heure, il insulte votre femme.
SECHERIN, à Gontran.
Je vais assommer ce Lugarto, mon cousin, je vous en préviens... s'il continue d'insulter ma cousine.
GONTRAN.
La mort plutôt que cette honte !
MATHILDE.
Monsieur, ne me forcez pas à un éclat...
LUGARTO.
Voyez donc si Gontran s'inquiète seulement de vous !
MATHILDE, avec indignation.
Monsieur !... (Se levant, à Gontran.) Gontran, défendez-moi, défendez-vous !
(Mouvement général; le ballet est interrompu.)
GONTRAN, se levant. Haut.
Monsieur Lugarto, vous êtes un infâme !
LUGARTO.
Monsieur...
ROCHEGUNE.
Enfin !
GONTRAN.
Je vous dis que vous êtes un infâme !
SECHERIN.
Voilà qui est parlé... j'allais lui dire cela avec mes poings, à l'homme nouveau-monde.
GONTRAN.
Vous voulez compromettre l'honneur de Mme de Lancry ; vous voulez me faire passer pour un mari complaisant, parce que je vous ai certaines obligations. Eh bien! je vous répète, que vous êtes un misérable; que Mme de Lancry n'a jamais eu pour vous que le mépris que vous inspirez à tous, et c'est à moi de vous traiter comme vous le méritez.
(Il lui jette son gant au visage avec la fleur qu'il a à sa boutonnière.)
ROCHEGUNE.
Bien! bien!
LUGARTO.
Malheureux... tu es perdu !
MATHILDE.
Ah! mon Dieu !
(Elle tombe évanouie.)
SECHERIN, la relevant.
Bravo, bravo; cousin, restez à votre affaire; j'aurai soin de votre femme.
(Il sort emportant Mathilde.)
LUGARTO.
Messieurs, de grâce restez encore ! (A Gontran.) Ma fête n'est pas finie...
ROCHEGUNE.
Bien, bien, monsieur ; je suis de vos amis, et je veux être votre second contre ce lâche. Je vais chercher des armes ; mais restez-là, il fuirait; restez, je reviens... (Il sort.)
LUGARTO, à Gontran.
Tu l'as voulu, misérable... Ecoutez tous ce que j'ai à dire pour ma vengeance. Monsieur Gontran de Lancry, ce haut personnage, ce comte à la mode, cet homme honoré, considéré, recherché ; cet homme est un...
GONTRAN.
Ah ! grâce ! (A demi-voix.) Je consens à tout...
LUGARTO.
Cet homme est un pauvre fou qui a des momens d'égarement comme vous avez vu, mais qui s'en repent, comme vous voyez, dès qu'il revient à la raison... Monsieur Gontran, vous me demandez pardon de votre emportement ; j'accepte vos excuses. (A Ursule.) Allez attendre, Ursule ; tout est prêt pour votre départ. (A Fritz.) Où est Mathilde ?...
FRITZ.
M. Sécherin la reconduit chez elle.
LUGARTO.
Bien... elle est à moi !... Puisque la paix est faite... que les danses recommencent, messieurs.

FIN DU DEUXIÈME ACTE.

ACTE TROISIÈME.

Le théâtre représente un salon élégamment meublé ; portes à droite et à gauche. Au fond, une large fenêtre ; à gauche du spectateur, une cheminée. L'orage gronde. Il fait nuit.

SCÈNE I.

UNE VIEILLE FEMME; *elle écoute à la fenêtre.*

Je croyais entendre le roulement d'une voiture... c'est toujours le tonnerre... il y a tant d'échos dans la forêt de Chantilly... Ah !... cette fois-ci, pourtant... non... (*Trois heures sonnent.*) Trois heures du matin... et personne encore... Quels éclairs!... on les voit au travers des volets... Pour le coup... (*Elle écoute.*) c'est bien une voiture... oui... oui... (*Avec intention.*) Celui qui est venu cette nuit me dire de tout préparer, a dû crever son cheval... car il a eu près d'une heure d'avance sur cette voiture... La voilà qui s'arrête... la porte du vestibule s'ouvre... On vient.

SCÈNE II.

LA VIEILLE, MATHILDE, FRITZ.

MATHILDE.

Quelle horrible nuit... quel orage!... (*Regardant autour d'elle.*) Où suis-je?

FRITZ.

Madame la comtesse est près de la forêt de Chantilly.

MATHILDE.

Quelle est cette maison ?

FRITZ.

M. de Lancry m'a ordonné de conduire la comtesse ici... J'ai suivi les ordres de M. le comte.

LA VIEILLE.

Madame ne veut pas s'approcher du feu.

MATHILDE.

Si... si... j'ai froid... (*A Fritz.*) Et cette calèche qui nous poursuivait...

FRITZ.

Madame la comtesse peut être tranquille... nous avions beaucoup d'avance, la route était dépavée à la descente de Luzarches... deux lanternes signalaient le danger...

MATHILDE.

Eh bien !...

FRITZ.

Quand nous avons eu passé l'endroit périlleux... pendant que la voiture de madame la comtesse montait au pas... j'ai éteint les deux lanternes... Dix minutes après... à la lueur d'un éclair... j'ai vu la calèche arriver bride abattue dans ce casse-cou rempli de pavés, et elle s'est brisée.

MATHILDE.

Ah ! c'est affreux !

FRITZ.

Il n'y avait pas d'autre moyen d'empêcher madame la comtesse d'être atteinte... par les personnes qui la poursuivaient... et j'avais ordre de les éviter.

MATHILDE, *à part.*

C'était M. Lugarto, sans doute... mais, était-ce à moi ? était-ce à mon mari qu'il en voulait ? Ah ! je suis dans une inquiétude mortelle depuis l'horrible scène de cette nuit... A ce bal, que s'est-il passé après mon évanouissement ?...

FRITZ.

Madame n'a plus rien à m'ordonner ?

MATHILDE, *sans répondre à Fritz, avec distraction et s'approchant du feu.*)

Pourquoi Gontran m'envoie-t-il dans cette maison ? Pourquoi cette nuit? Pourquoi me faire quitter Paris si promptement?

FRITZ, *salue, bas à la vieille.*

Ah, ça... n'oubliez pas les ordres du maître...

(*Il fait signe de garder le silence.*)

LA VIEILLE, *à voix basse.*

Sourde et muette...

(*Fritz sort.*)

SCÈNE III.

LA VIEILLE, MATHILDE, *debout, rêveuse près de la cheminée, un violent coup de tonnerre la fait tressaillir.*

Mon Dieu! mon Dieu ! l'orage redouble... et Gontran... que fait-il?... où peut-il être? (*A la vieille.*) Je veux parler à Fritz.

LA VIEILLE.

Fritz n'est plus là, madame.

MATHILDE.

Comment ?

LA VIEILLE.

Il est allé reconduire la voiture à Chantilly, madame... il n'y a pas de place ici pour la remiser.

MATHILDE, *effrayée.*

Mais, je suis donc seule maintenant dans cette maison...

LA VIEILLE.
M. le comte ne peut tarder à arriver.

MATHILDE, à part.
C'est juste... mes craintes sont folles... n'est-ce pas lui qui m'a fait conduire ici...

LA VIEILLE.
Madame la comtesse doit être fatiguée de la route... elle ne veut rien prendre ?...

MATHILDE.
Non... Pourtant... si... donnez-moi une tasse de thé, si vous en avez...

LA VIEILLE.
Oui, madame la comtesse.

(Elle sort.)

SCÈNE IV.

MATHILDE, seule.

Je ne puis m'empêcher de trembler en me rappelant tout ce qui m'est arrivé depuis le jour où M. de Rochegune m'a dit que j'avais tout à craindre de M. de Lugarto. Je frémis d'épouvante en songeant à tout ce qui s'est passé cette nuit... Je vois encore le regard terrible, inexplicable, que M. Lugarto a jeté sur Gontran. D'abord, mon mari a pâli sous ce regard infernal... puis, je m'en souviens, sa colère a éclaté... il a frappé cet homme au visage... Ah! et je n'ai plus rien vu... je me suis évanouie... En revenant à moi, j'ai reçu cette lettre de Gontran. « Ma chère Mathilde, les suites » de ma dispute avec Lugarto, exige que je quitte » Paris cette nuit même. Fritz, qui te remettra » cette lettre, te conduira à Chantilly, où je dois » te rejoindre. » « Gontran. » Quel est ce nouveau mystère ! et cette voiture qui nous poursuivait... dans quel but... Ah! ma tête se perd ! heureusement, mon mari ne peut tarder à arriver.

SCÈNE V.

MATHILDE, LA VIEILLE, apportant un plateau où est servi le thé; elle le pose sur la table.

LA VIEILLE.
Madame la comtesse n'a plus d'ordres à me donner?

MATHILDE.
M. de Lancry n'a pas fait dire à quelle heure il serait ici?

LA VIEILLE.
Non, madame la comtesse.

(Coup de tonnerre.)

MATHILDE.
Quelle nuit ! et seule ici. (A la vieille.) Mais, à qui appartient cette maison?

LA VIEILLE, avec embarras.
Cette maison... madame la comtesse... cette maison... mais...

MATHILDE.
Oui, à qui est-elle?

LA VIEILLE, à part.
M'y voici. (Haut.) Cette maison est... était à louer toute meublée, veux-je dire... madame.

MATHILDE.
Eh bien !

LA VIEILLE.
Et M. le comte est venu la louer il y a quelques jours.

MATHILDE, à part.
C'est singulier... Une surprise, peut-être, que me ménageait Gontran... un souvenir de nos beaux jours d'autrefois... Gontran sait que j'aime Chantilly... il aura loué cette maison qui me paraît plus grande que l'ancienne... Allons, je m'alarmais à tort... Aussi, cette femme m'avait paru embarrassée... Je me serai trompée.

LA VIEILLE, à part.
Elle me croit. (Haut.) Madame la comtesse n'a plus besoin de moi?

MATHILDE.
Non... seulement, lorsque M. de Lancry arrivera, priez-le d'entrer ici sans tarder.

LA VIEILLE.
Oui, madame.

(Elle sort.)

SCÈNE VI.

MATHILDE, seule, prenant une tasse de thé.

Je ne sais si c'est la fatigue... l'inquiétude... la cruelle émotion de cette soirée... mais... (Elle boit.) je frissonne... j'ai froid... Peut-être ce thé me fera-t-il du bien... (Elle repousse la table, et s'assied près de la cheminée.) L'orage semble s'apaiser... Le tonnerre gronde moins fort... mais le vent qui lui succède est encore plus lugubre, et puis, être seule dans cette maison écartée, loin de la route, au milieu des bois... avec cette femme qui m'est inconnue... (Plus lentement et comme sommeillant.) Encore, si ma pauvre Blondeau était ici !... Il est vrai que mon mari... va venir bientôt... J'ai tort de m'alarmer !... (Silence.) Cela est étrange... mes paupières s'appesantissent malgré moi... Est-ce lassitude? sommeil? (Se levant.) Non, non, je ne veux pas m'endormir encore... je veux attendre Gontran... En marchant, je combattrai cet accablement extraordinaire... (Bruit derrière la porte à gauche; Mathilde pousse un cri.) Ah! il m'a semblé... entendre du bruit derrière cette porte... Oui, ce n'est pas un effet de mon imagination... Qui est là ?... (Tonnerre.) J'ai peur !... oh !... j'ai peur !...

Appelons quelqu'un... (Elle court à la sonnette de la cheminée et l'agite violemment ; l'orage redouble. Silence.) Mon Dieu ! personne ne vient... (Elle sonne encore. Silence.) Personne... Maintenant, il règne un silence de mort dans cette maison. (Elle retombe assise dans un fauteuil, cachant sa tête dans ses mains.) Mais qu'ai-je donc ?... ma vue se trouble... je me sens tout engourdie... (Violent coup de tonnerre ; elle se lève vivement, prend une bougie allumée, et va précipitamment vers la porte à droite.) Il faut que je parle à cette femme, à quelqu'un... Je ne resterai pas seule ici... (Elle met la main sur le pène de la serrure de la porte à droite. On entend un tour de clé. Elle laisse tomber son bougeoir. Se reculant de terreur.) On vient de fermer cette porte à double tour... (Elle la secoue.) Impossible de l'ouvrir... Ah ! cette fenêtre... (Elle l'ouvre.) Les volets fermés en dehors... Mon Dieu ! mon Dieu !... mais il se passe ici quelque chose d'épouvantable... Au secours !... au secours !...

(La porte s'ouvre, Lugarto paraît, ferme la porte et met la clé dans sa poche.)

∞∞∞∞∞∞∞∞∞∞∞∞∞∞∞∞∞∞∞∞∞∞∞∞∞∞∞∞

SCÈNE VII.

MATHILDE, LUGARTO.

MATHILDE pousse un cri d'épouvante et se précipite vers la porte.)

Ah !...

LUGARTO l'arrête, et la prenant par la main avec une affectation de politesse ironique.)

Madame la comtesse, vos cris sont inutiles ; personne ne les entendra. Je vous ai attirée par une lettre fausse ; cette maison m'appartient ; les gens qui l'habitent sont à moi ; aucune puissance humaine ne peut vous arracher d'ici.

MATHILDE.

Oh ! c'est un piège horrible !

LUGARTO.

Maintenant, madame...

MATHILDE.

Ne m'approchez pas !... Au secours, mon Dieu ! au secours !   (Le tonnerre redouble.)

LUGARTO, tirant un portefeuille de sa poche.

Vous voyez, la foudre seule vous répond... Résignez-vous donc, madame la comtesse...

MATHILDE, tombant à genoux.

Seigneur ! Seigneur ! ayez pitié de moi !

LUGARTO, tirant des papiers de son portefeuille et la regardant prier.)

Très belle... De grâce, madame, calmez-vous et veuillez m'entendre. J'ai beaucoup de choses à vous dire.

MATHILDE, se relevant avec fermeté.

Il y a un Dieu au ciel, monsieur, et j'ai des amis courageux !

LUGARTO.

Si vous entendez parler de M. de Rochegune et de votre ingénieux cousin, M. Sécherin, madame la comtesse, cela manque à propos. Ils étaient peut-être vos amis, ils étaient peut-être courageux ; mais à cette heure, ils sont bien près d'avoir été tout cela, grâce à une espèce d'abominable casse-cou qui se trouvait à la descente de Luzarches.

MATHILDE.

Grand Dieu ! cette voiture qui me suivait...

LUGARTO.

Était positivement celle de vos deux chevaliers Voilà pourtant, madame la comtesse, comme on méconnaît quelquefois ses vrais amis ! Rochegune et Sécherin sont restés à demi morts sur la place, avec l'heureuse invention de Fritz, qui est un homme impayable... C'est moi qui l'ai donné à votre mari.

MATHILDE.

Ces généreux amis, victimes de ce lâche guet-apens !

LUGARTO.

En tous cas, ils auront été arrêtés assez longtemps pour perdre vos traces.

MATHILDE.

Ah ! plus d'espoir !

LUGARTO.

Aucun... La preuve enfin que je n'ai rien à redouter de personne, c'est que vous me voyez dans une sérénité parfaite auprès de vous.

MATHILDE, avec désespoir.

Perdue ! perdue !

LUGARTO.

Je me jetterais maintenant à vos pieds, en vous peignant mon amoureux martyre, que vous n'auriez pour moi, comme d'habitude, que des paroles de haine, de mépris, et j'ai voulu échapper à ce supplice en agissant autrement...

MATHILDE.

Que veut-il dire ?

LUGARTO.

Daignez regarder cette pendule... Elle marque trois heures et demie, n'est-ce pas ? Eh bien ! grâce à un narcotique infaillible que vous venez de prendre dans votre thé, avant dix minutes, vous serez endormie d'un sommeil profond, invincible.

MATHILDE.

Ah !...

LUGARTO.

Vous comprenez, madame ?

MATHILDE.

Non, non ! une telle infamie est impossible...

LUGARTO.
Tenez, madame la comtesse, il doit opérer déjà.
MATHILDE.
C'est la fatigue... c'est le sommeil... Non, cela ne se peut pas... Encore une fois, cela ne se peut pas !... Pourtant, si cela était...
LUGARTO.
Madame la comtesse, ce narcotique est infaillible : bientôt vous serez privée de sentiment. A présent, qu'il vous reste encore la faculté d'entendre, veuillez me faire la grâce de m'écouter.
(Le vent redouble.)
MATHILDE, avec égarement.
Gontran ! Gontran !
LUGARTO.
Vous n'êtes pas heureuse dans vos invocations, madame la comtesse. A cette heure, Gontran ne pense pas plus à vous que vous ne devriez penser à lui. Il aime une autre femme qu'il a enlevée cette nuit pendant mon bal. Ai-je besoin de vous la nommer? D'ailleurs, madame, il viendrait vous secourir... (Il montre un papier.) qu'avec ce talisman je l'empêcherais d'entrer ici.
MATHILDE.
Qu'est-ce que cela signifie, mon Dieu ?.. Oh ! c'est un rêve... un rêve horrible...
LUGARTO.
Je vais vous mettre au courant... Jusqu'ici le plus parfait accord, la plus tendre amitié existaient entre Gontran et moi... Cette nuit seulement, au bal, mon Pylade s'est oublié pour la première fois, au point de devenir un Othello... Votre mari a poussé la folie jusqu'à m'insulter... mais il est vite tombé à genoux en pleurant, et il m'a demandé pardon. J'ai pardonné à la condition qu'il fuirait vers Londres... et cela toujours de par ce talisman. (Il le montre.)
MATHILDE.
Seigneur, mon Dieu !.. ma tête s'égare... Oh ! je voudrais devenir folle...
LUGARTO.
Je conçois, madame, que vous ne puissiez vous expliquer une telle obéissance... La légèreté, l'élégance, les folies de sa jeunesse qui ont valu à Gontran le bonheur de vous épouser, l'ont mené très loin, ce cher comte... à des dettes d'abord... il me doit cent mille écus... ce n'est rien... plus loin encore... à ce papier... ce terrible papier qui me donne sur lui droit de vie et de mort...
MATHILDE, s'agitant avec horreur.
Ah !.. je n'en puis plus...
LUGARTO.
Ah ! vous avez rejeté mes hommages,.. ah ! vous avez été insensible à mes prières... J'ai donc employé les armes extrêmes, la ruse et la violence... Je vous le répète, aucune puissance humaine ne peut vous arracher d'ici... Cela vous réveille !.. Je n'en dirai pas davantage, pour ne pas troubler votre sommeil !.. et dans cinq minutes vous serez tout à fait endormie...
MATHILDE.
Je ne puis plus lutter... Grâce... grâce... Ayez pitié de moi !
LUGARTO.
Dans cinq minutes vous serez endormie...
MATHILDE, faisant un effort désespéré, et saisissant un couteau sur la table.
Jamais! jamais!.. Je me tuerai !.. je me tuerai plutôt...
VOIX, derrière la porte qui se brise.
Arrêtez, Mathilde !.. Mathilde !..
MATHILDE, étendant les deux bras vers les nouveaux-venus.
Ah ! Rochegune... mon sauveur !
LUGARTO.
Enfer !

∞∞∞∞∞∞∞∞∞∞∞∞∞∞∞∞∞∞∞∞∞∞∞∞∞∞∞∞∞∞∞∞

SCÈNE VIII.

LES MÊMES, ROCHEGUNE, SECHERIN.
tout défaits.

ROCHEGUNE.
Mathilde... rassurez-vous.
Lugarto veut fuir, Sécherin le prend au collet et le ramène.
SECHERIN.
Un instant !
MATHILDE, s'endormant.
Sauvez-moi... sauvez Gontran... Le papier... le breuvage !... Ce monstre !.. Je ne puis plus... Ah !...
(Elle tombe assoupie.)
ROCHEGUNE.
Pauvre femme !... endormie... tant mieux... Elle ne verra pas l'exécution de l'infâme. (Se tournant vers Lugarto.) A nous, maintenant !
SECHERIN, à Lugarto qui se débat en vain.
Ah ! j'ai une poigne de province, je vous en préviens.
LUGARTO.
Mais, messieurs, que prétendez-vous tous les deux contre moi ?
ROCHEGUNE.
A genoux, d'abord, à genoux !
SECHERIN, le jetant à terre d'un coup de main.
A genoux ?... voilà.
LUGARTO.
Mais c'est un abus de la force... Je suis chez moi, messieurs !
ROCHEGUNE.
Tais-toi !
LUGARTO.
Mais...

ROCHEGUNE.

Tais-toi ou je te bâillonne.

SÉCHERIN, lui mettant la main sur la bouche.

Motus !...

(Lugarto laisse tomber sa tête sur sa poitrine.)

ROCHEGUNE, prenant le portefeuille de Lugarto dans sa poche.

Le papier... où est le malheureux papier ?... Le voilà.. Ah ! Gontran !...

LUGARTO, avec un effort extrême.

Mais c'est un vol... c'est un crime... Nous verrons...

SÉCHERIN.

Ma parole d'honneur, il fait l'avocat !

ROCHEGUNE.

Prends cette plume et écris.

SÉCHERIN.

Son testament sans doute ?...

LUGARTO.

Que voulez-vous encore ?... Vous avez pu m'arracher ce papier de force, mais vous ne me ferez rien écrire.

ROCHEGUNE.

Tu n'écriras pas !

LUGARTO.

Non, mille fois non !

SÉCHERIN, lui serrant la cravate.

Ah ! tu ne veux pas écrire,..

LUGARTO, se levant à demi.

Vous m'étouffez !

SÉCHERIN, le rejetant à genoux.

Je l'espère bien...

ROCHEGUNE.

Écriras-tu ?

LUGARTO.

Mais c'est une atroce violence... (Après un instant de lutte.) J'écrirai.

SÉCHERIN.

Se fait-il prier !

ROCHEGUNE.

Écris donc !

LUGARTO, prenant la plume.

Dictez.

ROCHEGUNE, dictant.

« Monsieur de Lancry, je vous renvoie le papier que vous savez, au moyen duquel je vous ai forcé de quitter Paris. Par ruse, j'ai attiré Mme de Lancry dans ma maison de Chantilly. Là, un narcotique avait mis votre femme en mon pouvoir, lorsque MM. de Rochegune et Sécherin, qui m'avaient épié et suivi toute la nuit, sont arrivés à temps pour m'arracher ma victime... » (Une pause.) Comme je suis aussi lâche que méchant... »

LUGARTO.

Je n'écrirai pas cela !

ROCHEGUNE.

Ah ! tu n'es pas un lâche !... Tant mieux !... Je vais donc pouvoir te tuer... Les pistolets sont tout prêts... il fait clair de lune... Viens... (Il entraîne Lugarto vers la porte.) allons, viens, que je te tue ; car Dieu est juste ; viens donc !

LUGARTO.

Demain, demain... Je ne puis me battre la nuit, sans témoins, contre vous deux... Vous voulez m'assassiner !

ROCHEGUNE.

Contre moi seul... Nous aurons deux témoins : M. Sécherin et le postillon qui nous a conduits... Viens !

LUGARTO.

Non, demain, demain...

ROCHEGUNE, avec indignation.

Alors, mets donc que tu es un lâche, ou n'écoutant que mon indignation... ici... aux pieds de ta victime, je te brise le crâne !

(Lugarto reprend la plume que lui présente Sécherin.)

SÉCHERIN, lui donnant la plume.

Allons, faisons bien les choses !

ROCHEGUNE, dictant.

« Comme je suis aussi lâche que cruel, j'ai
» avoué toutes ces infamies et je les ai signées.
» Lugarto. »

LUGARTO, à part, avec rage.

Malheur, malheur sur vous !

ROCHEGUNE, après avoir plié la lettre.

« A M. de Lancry, poste restante, à Londres. » Voilà l'aveu du crime... maintenant, la peine !

SÉCHERIN.

Une punition comme le crime... impitoyable...

ROCHEGUNE.

Écoute bien... Demain matin, tu partiras pour l'Italie. Je te défends, tu m'entends bien ?... de rester en France, et d'y rentrer jamais... Je t'exile.

LUGARTO.

Mais c'est de la folie... Après tout, la loi, la justice me protégeront... Je resterai.

ROCHEGUNE.

Non, tu ne resteras pas !... Insensé, qui s'imagine qu'on va le laisser impunément commettre ses crimes ! Mais il ne fallait pas pour cela porter même un regard sur cet ange ; mais il ne fallait pas attenter à son repos, à son honneur, à sa vie ; mais tu ne sais donc pas que cette femme m'est sacrée ? Une âme blanche et pure comme la lumière du ciel ; une de tes saintes, mon Dieu, à qui je n'aurais pas même osé offrir un vœu, une prière, un soupir ! Une beauté si chaste, si céleste, être la proie de ce démon !... Non, non, tu ne resteras pas en France, par une raison que tu vas comprendre... Écoute bien !... Tu as été assassin et empoisonneur : assassin, en nous dressant une embûche mortelle ; empoisonneur, en versant à cet ange un breuvage infernal. Eh bien ! je vais exercer sur toi une vengeance égale à tes forfaits.

LUGARTO.
Que voulez-vous faire?

ROCHEGUNE.
Pour que tu ne sois pas tenté de rester en France, la lame de ce couteau qui a failli tuer cet ange, rougie à cette flamme, va te stigmatiser au front d'une empreinte ineffaçable.

LUGARTO court à la porte.
Oh! vous ne ferez pas cela!

SECHERIN.
Nous ferons cela.

LUGARTO.
Messieurs, écoutez-moi... J'ai été lâche, infâme, dites-vous... Je vous ai tendu une embûche mortelle... Vous exigez que je m'éloigne... J'obéirai, je partirai... jamais je ne reviendrai.

SECHERIN.
Fort bien! mais il vous faut votre passe-port... (Rochegune, impassible, fait toujours chauffer la lame.)

LUGARTO, apercevant Mathilde.
Eh quoi! toujours cet infâme projet!... Mais vous êtes donc impitoyable!... Ah! Mathilde!... (Il court se jeter à ses genoux.) Éveillez-vous, madame, entendez-moi, ayez pitié de moi!

MATHILDE, avec accablement.
Que voulez-vous? laissez-moi!

LUGARTO
Éveillez-vous, madame!... Si vous saviez ce qu'ils veulent faire!.. Là, là, au front!... Jugez donc! marqué pour la vie, à la figure!... C'est horrible!... Ah! c'est une idée infernale!

MATHILDE, ouvrant les yeux, avec frayeur en apercevant Lugarto.)
Lugarto! lui encore! Laissez-moi! laissez-moi!

ROCHEGUNE.
Rassurez-vous, Mathilde : cet homme va recevoir son châtiment.

MATHILDE, retrouvant toute sa connaissance.
Qu'entends-je? Mon ami, mon sauveur, laissez cet homme à ses remords.

ROCHEGUNE.
La rage d'avoir au front une marque éternelle, c'est le seul remords qu'il puisse connaître. Finissons!

MATHILDE.
Laissez-le, par pitié : je ne veux pas être cause d'un pareil supplice; une telle vengeance est indigne de vous et de moi. Rochegune, Dieu vous a choisi pour empêcher un crime, mais non pour frapper le coupable. Épargnez cet homme, pour l'amour de moi!

ROCHEGUNE.
Vous avez raison, j'outrageais la loi... Grâce à cet ange, j'ai pitié de toi... (Il jette le couteau, Lugarto respire plus librement.) Mais pars à l'instant! et pars pour toujours.

MATHILDE.

LUGARTO.
Jamais je ne reviendrai; ma voiture est là : je voyagerai nuit et jour, jusqu'à ce que je sois sorti de France... A vous, madame, toute ma reconnaissance.   (Il sort avec épouvante.)

SCÈNE IX.

MATHILDE, ROCHEGUNE, SECHERIN.

ROCHEGUNE.
Mathilde, calmez-vous. Maintenant, tous vos malheurs sont finis, car cet homme est trop lâche pour revenir... J'enverrai ce papier qui a fait tout le mal, que vous ne devez pas voir, à M. de Lancry.

MATHILDE.
Oh! notre libérateur, comment vous remercier! Et vous aussi, mon cousin, merci!

SECHERIN.
Ah! pour moi, il n'y a pas de quoi, ma bonne cousine : c'est Rochegune qui a tout fait. Seulement... (On entend fermer la porte.) Il nous enferme!... Ah! vous avez eu tort de le laisser partir ainsi...

SCÈNE X.

LES MÊMES, LUGARTO.

(Les volets du fond s'ouvrent avec fracas. Lugarto, effrayant de vengeance, y paraît.)

LUGARTO.
Ah! oui, vous avez eu tort de me laisser partir, car de loin comme de près, je vous atteindrai tous, tous!... Je vous atteins déjà... Mathilde, ton mari est à Londres; mais sais-tu avec qui? Avec ta cousine Ursule! Entends-tu?

SECHERIN, avec stupeur.
Ursule, mon Dieu! Ursule...

LUGARTO.
Oui, stupide mari, M. de Lancry enlève votre femme pendant que vous sauvez la sienne.

ROCHEGUNE.
Misérable!...

LUGARTO.
Et toi, qui voulais me marquer au front, tiens! je te marque au cœur!
(Il tire un coup de pistolet. Rochegune chancelle.)

MATHILDE.
Ah!

LUGARTO, poussant les volets.
Au galop!
(Les fouets claquent, la voiture roule.)

SECHERIN.
Ursule! Ursule!... Oh! j'en mourrai!

ACTE QUATRIÈME.

Le théâtre représente un appartement de pauvre apparence.

SCÈNE I.
MATHILDE, ROCHEGUNE.

MATHILDE.

Non, mon ami, mon sauveur, depuis un an, depuis la nuit fatale où vous avez été si cruellement blessé pour moi, je n'ai plus entendu parler des deux hommes qui avaient conspiré ma perte ; votre courage m'a délivrée pour toujours de mes persécuteurs. M. Lugarto n'ose plus reparaître ici, de peur de vous y rencontrer ; mon mari a tout fait vendre par procuration, mon hôtel, mes terres, et semble m'avoir abandonnée désormais. Dieu soit loué ! ma tranquillité n'est pas trop chère au prix de toute ma fortune, et je me réjouis d'être assez pauvre pour qu'il n'ait plus qu'à m'oublier.

ROCHEGUNE.

Mathilde, lorsque mon père et le vôtre formèrent, entre leurs enfans, ce projet d'union qui ne devait pas se réaliser, hélas ! ils étaient liés eux-mêmes d'une amitié fraternelle. Savez-vous pourquoi ils étaient amis ? Mon père, dans sa jeunesse, avait été pauvre, et le vôtre, riche alors, était venu lui offrir la moitié de sa fortune. Mathilde, ma fortune, ma vie, mon âme, tout ce que j'ai dans ce monde et dans l'autre est à vous.

MATHILDE.

Merci, mon ami !... je n'ai plus qu'un service à vous demander, un seul, un service pénible, mais que votre générosité ne refusera pas de me rendre, ô mon ange gardien !

ROCHEGUNE.

Que voulez-vous dire ?

MATHILDE.

Vous m'avez sauvée de mes ennemis, il ne vous reste plus qu'à me sauver de moi, de vous, Rochegune !... Mon ami, mon frère, quittons-nous ! il ne faut plus nous revoir !

ROCHEGUNE.

Vous quitter, Mathilde, oh ! jamais !

MATHILDE.

Oui, éloignez vous !... il en est temps, partez, je vous en conjure, au nom de votre générosité et de mon honneur !

ROCHEGUNE.

Mais, c'est impossible... ce serait vous laisser seule, sans défense, à la discrétion des infâmes qui ont juré votre perte ! Ils reviendraient, allez, aussitôt qu'ils me sauraient parti. Jamais, jamais, je ne consentirai à vous rejeter dans le péril d'où je vous ai tirée !

MATHILDE.

Il n'y a plus de danger pour moi qu'auprès de vous, Rochegune, je vous le dis sans détour, parce que je dois vous éviter.

ROCHEGUNE.

Oh ! Mathilde !... vos paroles me comblent à la fois de joie et de douleur !

MATHILDE.

Je me perdrais avec vous, car le bonheur de vivre ensemble serait un crime ! Oui, une telle félicité m'est défendue ; il n'est plus de bonheur pour moi ! je suis veuve, avec un mari vivant, veuve sans liberté, et mon cœur n'est pas mort malgré ses blessures. Le sentiment que vos bienfaits m'ont inspiré pourrait devenir trop tendre, et le devoir, la loi, le monde me lient encore à l'homme qui m'a trahie, abandonnée, ruinée : notre séparation est donc nécessaire.

ROCHEGUNE.

Oh ! que me demandez-vous là ?... le plus difficile, le plus cruel des sacrifices !... Quoi, vous me faites entrevoir le ciel et vous me condamnez à l'enfer !... Devez-vous donc tant au monde, que vous immoliez à ses dures exigences mon bonheur et le vôtre ?...

MATHILDE, l'interrompant.

Arrêtez, Rochegune, ne dérogez pas à mes yeux ; je ne vous reconnaîtrais plus... Oh ! je vous en supplie, ne descendez pas du haut de l'estime où je vous ai placé là.

ROCHEGUNE.

Mais s'il faut que je vous quitte ainsi, mettez-vous du moins à l'abri du danger ; invoquez le secours de la loi.

MATHILDE.

Que dites-vous ? du scandale... un procès... flétrir le nom que je porte !... Oh ! non, non... je remplirai mon devoir jusqu'à la fin, et vous m'y aiderez, Rochegune, vous m'y aiderez en vous éloignant aujourd'hui même.

ROCHEGUNE.

Vous le voulez ?...

MATHILDE.

Il le faut.

ROCHEGUNE.

Je me résigne... vous m'avez habitué à comprimer mon cœur... Éteins-toi donc, amour malheureux, flamme maudite, et consume ce cœur

ACTE IV, SCÈNE III.

où tu dois brûler à couvert, sans issue et refoulé jusqu'à ce que tu en aies fait un monceau de cendres. Je partirai, je partirai, madame ; je m'en irai loin, bien loin de vous, puisque vous l'exigez, je ne reviendrai que lorsque vous me rappellerez; lorsque vous aurez besoin de moi, si je vis encore alors, si je puis supporter d'ici là le chagrin de votre absence... Rassurez-vous pour votre honneur; aujourd'hui je partirai.

MATHILDE.

Oui... oui... vous le devez, mon ami. (Lui prenant la main avec tendresse.) Du courage, noble cœur... (Retenant ses larmes.) Au moins, mon ami, ma pensée vous suivra partout.

ROCHEGUNE, avec désespoir.

Adieu... Mathilde...

MATHILDE, pleurant.

Adieu... adieu...

ROCHEGUNE, tombe à ses pieds, lui baise les mains et pleure.

Encore adieu .. peut-être pour toujours...

MATHILDE, d'une voix déchirante.

Il pleure... il pleure...

ROCHEGUNE, se relevant.

Oui... je pleure... Pardon de ma faiblesse... mais vous quitter... Ah ! je suis sans force contre une pareille douleur...

SCÈNE II.

LES MÊMES, Mme BLONDEAU, Mme SECHERIN.

Mme BLONDEAU, annonçant

Madame Sécherin... (Elle sort.)

Mme SECHERIN, avec tristesse.

Bonjour mon enfant, bonjour M. de Rochegune ! Ah ! je suis bien aise de vous rencontrer ensemble. Vous m'aiderez, n'est-ce pas ?

MATHILDE.

Qu'avez-vous, madame, vous êtes tout émue.

Mme SECHERIN.

Il est revenu !

MATHILDE.

Qui ?... votre fils ?...

Mme SÉCHERIN.

Oui, madame, il est revenu de ce voyage qu'il a fait à la poursuite de la misérable...

MATHILDE, l'interrompant.

Enfin, vous l'avez revu ; pourquoi cette tristesse ?

Mme SECHERIN.

Ah ! il l'aime plus que jamais, cette femme. Il est arrivé d'hier, et il veut se remettre en route aujourd'hui... il veut la retrouver quand même ! je me suis empressée de vous apprendre son arrivée et ses projets. Je le précède ici pour vous prier de vous opposer à son départ ; il n'a voulu rester que le temps de vous revoir ; il me suit... Vous lui parlerez, n'est-ce pas ?... Vous lui parlerez aussi, monsieur de Rochegune ? Vous verrez comme il est changé ! Lui que vous avez connu si gai, si franc, si ouvert, il est devenu sombre, solitaire, farouche ; c'est à ne pas le reconnaître... Mon pauvre fils !... le chagrin le tuera, bien sûr, car il n'aime plus qu'elle ici-bas... elle ne lui a pourtant fait que du mal, tandis que moi, moi, grand Dieu !...

MATHILDE.

Vous vous abusez, peut-être ; il souffre sans doute plus d'avoir été trompé que de n'être plus aimé.

Mme SECHERIN.

Oh ! non, non !... Il est frappé au cœur, allez !.. Dans les premiers jours, je me disais aussi : ce n'est qu'un chagrin ordinaire que le temps emportera. Le temps n'a fait qu'empirer le mal. Vous le savez ; il a fui, il est parti, quittant sa pauvre mère, sa famille, sa maison ; jetant tout à l'abandon, sans me donner de ses nouvelles ; ne me laissant plus qu'à pleurer et mourir ; car, que voulez-vous que fasse une pauvre vieille mère qui ne peut plus consoler son enfant ?...

(Elle sanglotte.)

SCÈNE III.

LES MÊMES, SECHERIN.

(Sécherin abattu, les yeux hagards et les cheveux gris, entre, serre la main de Mathilde et celle de Rochegune, puis, tombe accablé dans un fauteuil.)

MATHILDE.

Eh bien ! mon ami, vous voilà de retour ; j'espère que vous allez nous rester !

SECHERIN.

Non.

ROCHEGUNE.

Quelles nouvelles avez-vous, mon ami ?

SECHERIN.

Mauvaises...

ROCHEGUNE.

Et d'où venez-vous ?

SECHERIN.

De Naples.

ROCHEGUNE.

Ils avaient donc quitté Londres ?

SECHERIN.

Oui.

ROCHEGUNE.

Et vous les croyiez partis pour l'Italie ?

SECHERIN.

On me l'avait dit... c'était vrai...

ROCHEGUNE.
Et où avez-vous perdu leurs traces?
SECHERIN.
A Naples... Mais je sais qu'ils ont pris la route de France... Je suis revenu par mer... et je les attends... Oh! je les attendrai!
Mme SECHERIN.
Vous voyez bien qu'il l'aime toujours.
SECHERIN, sourdement.
Toujours... oui... toujours..
Mme SECHERIN, à Mathilde.
Parlez-lui, je vous en prie; je n'en ai plus la force.
MATHILDE.
Allons, du courage, mon cousin; il nous en faut, à vous comme à moi... Ne pensons plus à ceux qui nous ont fait du mal... Oubliez cette femme indigne!...
SECHERIN.
Ah! vous voilà comme ma mère, vous aussi... Oublier!... oublier; et si je ne peux pas, moi!...
MATHILDE.
J'ai été, comme vous, trahie, abandonnée!... eh bien! à cette heure, je méprise, j'oublie ceux qui m'ont outragée. Aussi le calme est revenu dans mon âme; et pourtant... je n'ai pas, comme vous, une mère à consoler...
SECHERIN.
L'oublier!... dites donc à mon cœur de ne plus battre... à ma mémoire de s'abîmer, à ma vie de finir!... L'oublier!... mais vous ne savez donc pas que je n'ai jamais aimé qu'elle au monde!... que le temps que j'ai passé avec elle a été mon paradis! Pourquoi voulez-vous me disputer son souvenir, tout ce qui me reste d'elle, dans l'enfer où je vis?... Non, malgré ses torts, malgré son abandon... jamais, jamais je ne pourrai l'oublier!
Mme SECHERIN.
O mon Dieu! ayez pitié de moi, ayez pitié de lui!
ROCHEGUNE, tristement à Mathilde.
Vous voyez comme je serai.
SECHERIN.
Oh! c'est vil, c'est honteux; je le sais... J'ai beau me raisonner, me dire que je suis un lâche, accablez-moi tous ensemble... je l'aime encore... Oui... je l'aime autant que je l'ai jamais aimée; je l'aimerai toujours... je ne peux vivre sans elle; je veux retourner la chercher, lui accorder le pardon d'être partie ainsi... d'en avoir aimé un autre... (Avec explosion.) Un autre... oh! quant à celui-là, je le tuerai... je le tuerai!
MATHILDE.
O mon Dieu! que deviendra votre mère?... Dites... vous, si bon fils!...
SECHERIN, avec une exaltation croissante.
Non!... Je ne suis plus un bon fils... je ne suis plus rien qu'un malheureux fou... qui aime sans espoir... sans raison... qui passe une moitié de sa vie à pleurer un amour impossible, et l'autre à rêver sa vengeance. (Avec délire.) Je ne la verrai plus!... plus jamais!... C'est ma faute aussi... Je n'ai pas veillé sur elle... Je n'ai rien fait pour lui plaire... pour la retenir... pour la défendre de la haine de ma mère.
Mme SECHERIN.
Mon fils... que dites-vous?...
SECHERIN.
Oui... Vous la haïssiez... C'est vous qui êtes cause de tout...
Mme SECHERIN.
Oh! mon Dieu... (Elle pleure.)
MATHILDE, à Sécherin.
Vous la désespérez...
SECHERIN, allant vers sa mère.
Je vous le disais bien que j'étais un mauvais fils... un malheureux fou... Ma pauvre mère... pardonnez-moi!.. ayez pitié de moi!.. Je fais couler vos larmes... je suis bien cruel... Moi... je ne puis plus pleurer... Sans cela, je mêlerais mes pleurs aux vôtres... Voyez... je suis à vos genoux... je demande grâce...
Mme SECHERIN.
Est-ce qu'on demande grâce à sa mère?...
SECHERIN.
Ah!...
Mme SECHERIN, pleurant et l'embrassant.
Mon enfant!
(Ici madame Sécherin prend la tête de son fils dans ses deux mains et l'embrasse. Sécherin reprend après une pause, en se relevant doucement.)
SECHERIN.
Merci!... merci!... ma bonne mère... J'ai été injuste envers vous... Non!... ce n'est pas vous qui avez causé le départ d'Ursule... C'est moi... moi seul... Mais tout n'est pas désespéré peut-être... n'est-ce pas?... Il faut attendre... espérer encore... Oui... A force de tendresse et de pardon, je la ramènerai à moi... Je la connais si bien!... Sa tête est légère... mais son cœur est bon... Aussi que fais-je ici?... Elle croit que je suis un indifférent ou un lâche de ne pas la poursuivre et de ne pas tuer son ravisseur!
MATHILDE, à part.
Toujours ces idées de vengeance!...
SECHERIN, avec agitation.
Il faut que je vous quitte encore, ma mère... Il faut que je les trouve... voyez-vous... que je les trouve tous les deux... Mathilde, adieu... Adieu, ma mère... (A Rochegune.) Mon ami... mon ami!... plaignez-moi!..
ROCHEGUNE.
Sécherin! Sécherin!
SECHERIN.
Mon ami je les atteindrai.
(Il sort dans le plus grand égarement.)

Mᵐᵉ SECHERIN, tout en larmes.

Mon fils!... mon pauvre fils! (Elle sort vivement avec Rochegune et Sécherin.)

SCÈNE IV.

MATHILDE, seule.

Malheur à nous tous!... à lui surtout, pauvre Sécherin, qui n'a aucune consolation au monde!... Il me reste du moins l'affection de Rochegune, à moi!... Oh! que dis-je! quelle pensée! Oh! j'ai donc bien fait d'éloigner Rochegune. Je vous remercie, mon Dieu! d'avoir pu lui apprendre cette résolution... Donnez-nous, de plus, la force de l'exécuter; car, je le sens, elle est, plus que jamais, nécessaire; car il faut qu'il parte vite, si vous ne voulez pas qu'il emporte toute mon âme avec lui; car l'homme à qui l'on a donné ma main n'avait d'autres droits à mon amour que mon obéissance aux ordres de ma tante; car il a surpris un cœur qui s'ignorait lui-même, qui ne s'est pas donné, mais qui s'est laissé prendre; car il a manqué, lui, à tous ses sermens, à tous ses devoirs envers moi, tandis que je veux tenir les miens; oui, malgré ses fautes, malgré les qualités de l'autre, que je vois maintenant tel qu'il est, avec toutes ses séductions sublimes, ses douleurs et ses vertus... Non, non, je ne veux plus revoir, Rochegune, je partirai moi-même aujourd'hui.

SCÈNE V.

MATHILDE, Mᵐᵉ BLONDEAU, puis URSULE.

Mᵐᵉ BLONDEAU.

Une dame, qui n'a pas voulu me dire son nom, demande à vous parler. C'est à l'en croire, pour une affaire qui vous intéresse et qui n'admet point de retard.

MATHILDE.

Qu'elle entre!...

Mᵐᵉ BLONDEAU.

Entrez, madame. (Elle sort.)

MATHILDE, reconnaissant Ursule.

Dieu! Ursule...

URSULE, se dévoilant, très pâle.

Vous me reconnaissez, madame; je suis pourtant bien changée. (Mouvement de Mathilde.) Oh!... ne me repoussez pas...

MATHILDE.

Vous ici... grand Dieu!... Venez-vous donc jouir du mal que vous avez fait?...

URSULE.

Mathilde!... mon cœur est encore plus changé que mon visage...

MATHILDE.

Que me voulez-vous?...

URSULE.

Mathilde, au nom du ciel! avez-vous vu votre mari?

MATHILDE, avec effroi.

Mon mari!

URSULE.

Oh! il est encore temps de la sauver!... Merci, mon Dieu!.. Gontran est à Paris; dans un instant, peut-être, il sera ici, et vous serez perdue cette fois, sans ressource! Perdue, entendez-vous?...

MATHILDE.

Mon Dieu! secourez-moi!...

URSULE.

Il faut fuir!...

MATHILDE.

Fuir, dites-vous?... où?... comment?... pourquoi?...

URSULE.

Parce que vous êtes perdue, à jamais, vous dis-je, s'il vous retrouve ici!... Ah! s'il vous reste un ami, un défenseur, un refuge... implorez-le! gagnez-le!... Fuyez!... que votre mari ne vous trouve pas ici!...

MATHILDE.

Je vous devine!... c'est un piége que vous me tendez.

URSULE.

Non, non, Mathilde; je veux vous sauver!... je vous le jure...

MATHILDE.

Vous voulez par terreur me jeter dans les bras de Rochegune, me faire votre égale, n'est-ce pas?... Je vous ai comprise, Dieu merci!

URSULE.

Non, non, Mathilde!... C'est votre salut, c'est mon repentir qui me font revenir à vous!... Hélas! je n'ai plus ni haine ni amour sur la terre... mais je ne veux pas mourir sans être pardonnée; et pour mériter mon pardon, il faut que je répare le mal que j'ai fait... Ecoutez-moi donc; Lugarto veut poursuivre son œuvre infernale contre vous!... il est à Paris avec Gontran.

MATHILDE.

Avec Gontran!

URSULE.

Ils sont ensemble, et plus liés que jamais!... Je ne connais pas tous leurs projets contre vous, mais ils doivent être affreux. Partez donc, fuyez, avant le retour de votre mari; fuyez, non pas avec Rochegune, si vous doutez de moi, mais quelque part où vous soyez bien cachée à tous, car je vous le dis encore... vous êtes plus menacée que jamais!

MATHILDE.

Non!... non!.. tout à l'heure vous vouliez me déshonorer; maintenant, vous voulez m'isoler, m'éloigner du seul appui qui me soit fidèle dans mon malheur. C'est un plan concerté entre vous; mais je le déjouerai, car je reste.

URSULE, avec désespoir.

Oh! mon Dieu! je ne pourrai donc pas me réhabiliter!... La seule bonne action qui eût racheté mes fautes m'est impossible, parce que je suis soupçonnée!... Oh! j'ai bien mérité cette défiance... Pourtant, croyez-moi, Mathilde; croyez-en une rivale qui tombe à vos pieds... une ennemie qui va s'humilier jusqu'à vous confesser le secret de son crime et de son repentir... Oui, pour preuve de ma sincérité, je vais vous confier un secret honteux, criminel; la cause de toutes mes fautes, de toutes mes haines, de toutes mes vengeances: il le faut maintenant que je suis repentante, il le faut pour que vous ajoutiez foi à mes paroles, il le faut pour vous sauver.

MATHILDE.

Relevez-vous, et parlez!

URSULE.

Vous savez que j'ai aimé Gontran, mais vous ne savez pas quand et comment naquit cet amour: vous connaissiez ma jeunesse exaltée, mon âme ambitieuse, mon cœur jaloux, avide de toutes les joies, de tous les plaisirs, de tous les triomphes de ce monde; vous savez tous les rêves que nous avons faits ensemble dans la même chambre où nous avons été élevées... Ces rêves de jeunes filles, si dorés, si ardens, si élevés, allaient se réaliser pour vous seule; vous, riche, heureuse, vous alliez épouser un jeune homme, beau, brave, noble et digne de vous, tel que nous l'avions rêvé... notre idéal enfin!... le comte Gontran de Lancry!... Moi, pauvre fille, je devais épouser M. Sécherin... Eh bien! je ne pus voir votre prétendu, sans haine contre vous, sans amour pour lui... oui, je cherchai à m'en faire aimer, et un soir, lors d'un rendez-vous imprudent qu'il m'avait donné chez le fermier Anselme, près du château de votre tante. *(Elle cache sa tête dans ses mains.)*

MATHILDE.

Ah! malheureuse!...

URSULE.

Mathilde, cette première faute m'a fait commettre toutes les autres. Pendant un voyage que je fis, Gontran vous épousa, et moi-même, j'épousai M. Sécherin, excusant l'infidélité de Gontran, comme il excusait la mienne, par un besoin de fortune commun à tous deux. Son mariage avec vous ne mit pas fin à mon amour, et Lugarto, qui savait notre secret, voulut, afin de réussir dans ses desseins sur vous, que ce secret fût public, que mon amour devînt un scandale; que je fusse enlevée enfin, au milieu de ce bal qu'il avait donné pour vous.

MATHILDE.

Ce que vous dites là est-il vrai?

URSULE.

Je le jure, Mathilde! Hélas, je suivis Gontran, et bientôt je fus punie par mon propre crime. O douleur! ô désillusion! Bientôt, dans cet amant tant rêvé, dans cet idéal, dans cet homme jeune, noble et brave, je ne trouvai qu'un cœur desséché, égoïste et lâche. Ce Gontran était l'esclave de Lugarto, toujours tremblant devant ce maître infâme... et Lugarto a osé me proposer de l'aider dans le nouveau piège qu'il veut vous tendre encore. J'ai remercié Dieu de pouvoir vous avertir à temps, et je suis accourue pour vous sauver; j'ai tout bravé, le danger, la honte... Maintenant, me croyez-vous?

MATHILDE.

Que faire? quel parti prendre, à cette heure? Ils me rendront folle! Oh! je veux en appeler à la justice, enfin, moi, pauvre femme sans défense... J'ai besoin des conseils de Rochegune!... mon Dieu! s'il était parti! oh, non! il ne partirait pas ainsi!... sans m'adresser une dernière parole d'adieu... Oh! n'importe... je vais envoyer... oui, il faut que je voie Rochegune!... que je lui parle, qu'il me sauve!...

(Elle sonne vivement, puis se dirige vers la porte. Gontran paraît.)

SCÈNE VI.

MATHILDE, URSULE, GONTRAN.

MATHILDE.

Mon mari!...

URSULE.

Lui!... déjà lui!

GONTRAN.

Ursule ici!

URSULE.

Vous ne vous attendiez pas à m'y rencontrer?...

GONTRAN.

En effet, et je me demande, madame, quel motif vous y amène...

URSULE, avec fermeté.

Vous allez le savoir, monsieur! Je suis venue avertir Mathilde de votre arrivée... lui conseiller de fuir...

GONTRAN.

Vous avez osé?...

URSULE.

Oh! je connais la puissance infernale de Lugarto... Mais que craint-on quand on ne veut plus que mourir?... Et j'aime mieux mourir que de vivre, comme vous, l'esclave de ce monstre... *(A Mathilde.)* Vous voyez bien que j'ai dit vrai... Pardonnez-moi maintenant, vous qui m'appeliez autrefois votre amie, votre sœur... J'ai fait tout ce que j'ai pu pour réparer mes torts... Il n'est peut-être pas trop tard encore pour vous sauver, puisque vous êtes prévenue. Mais prenez bien garde désormais, car Lugarto est à Paris, et Lugarto est capable de tout... (Elle sort en disant :) Allons prévenir Rochegune!

SCÈNE VII.

MATHILDE, GONTRAN.

GONTRAN, très changé.

Eh bien! madame, je sais presque gré à Ursule de vous avoir annoncé mon retour... Elle nous a épargné ainsi une surprise qui ne pouvait être agréable à personne... et...

MATHILDE, l'interrompant.

Monsieur, que voulez-vous?...

GONTRAN, à part.

Allons, du courage, il le faut..

MATHILDE.

Que venez-vous faire chez moi? répondez!

GONTRAN, avec douceur.

Vous pourriez dire chez nous, madame. (Avec chagrin.) Je vous ai donné, il est vrai, le droit d'oublier que je suis votre mari... Mais...

MATHILDE.

Monsieur, finissons un entretien pénible pour tous deux. Que voulez-vous?

GONTRAN, avec hésitation.

Je veux... je veux, Mathilde, réparer mes torts, vous faire oublier mes fautes en me rapprochant de vous...

MATHILDE, avec un dégoût mêlé de crainte.

C'est impossible!

GONTRAN.

Votre réponse ne m'étonne pas, après ma coupable conduite, mais j'espère que l'avenir me méritera le pardon du passé.

MATHILDE.

Je puis vous pardonner, monsieur; n'exigez rien de plus!

GONTRAN, à part.

Il le faut pourtant. (Haut.) Mon intention était d'effacer de votre cœur toutes traces de mes écarts, de me repentir près de vous, de vous emmener...

MATHILDE, avec effroi.

M'emmener!...

GONTRAN, vivement.

Oui, loin d'ici, loin des lieux témoins du scandale de ma vie passée, dans quelque endroit où rien ne vous rappelât mes erreurs; en pays étranger, en Italie...

MATHILDE.

Ne l'espérez pas, monsieur...

GONTRAN, avec un grand effort de résolution.

Mais, madame, vous oubliez trop que j'ai le droit de commander ici! (Mathilde baisse la tête avec désespoir.) Nous partirons donc aujourd'hui même. (Il va s'asseoir.)

MATHILDE, se redressant vivement.

Avec le comte de Lugarto, n'est-ce pas? (Avec indignation.) Mais quel mal vous ai-je fait?..... quelle abominable vengeance exercez-vous contre votre femme?..... N'ai-je pas été toujours une épouse fidèle, soumise, dévouée? N'avez-vous pas promis devant Dieu et les hommes de me protéger dans ma vie et mon honneur? Au nom de votre mère, ayez pitié de moi! Vous n'êtes pas un méchant homme! C'est encore Lugarto qui vous pousse aujourd'hui... pourquoi?... comment?... par quel autre lien vous tient-il? vous mène-t-il encore une fois?... Répondez... mais parlez donc!

GONTRAN.

Eh bien! soit! mes premières paroles n'étaient que mensonges et ruse; je vais être franc comme vous... Oui, madame, Lugarto a tout fait; j'agis malgré moi... Lugarto est maître de ma volonté, de ma vie, de mon âme, de tout ce qui m'appartient... Le valet à gages, le serf attaché à la glèbe, l'esclave tenu au fouet et à la chaîne, sont libres auprès de moi, avec ce maître absolu. D'un mot, Lugarto peut me perdre; il peut nous frapper tous deux comme frappe le bourreau!... il me faut lui obéir, il le faut, quand même, sans pitié, sans remords... en étouffant au plus profond du cœur, tout sentiment, tout devoir, toute humanité même, sous une nécessité plus terrible que la mort... Il y va des galères!

MATHILDE.

Oh! mon Dieu...

GONTRAN.

Des galères! entendez-vous, Mathilde! Oh! ayez pitié de moi! Dans un moment d'erreur, une crise de jeunesse où l'imprudence, la folie et la fatalité poussent à la fois au crime, j'ai contrefait la signature de cet homme, et il possède le faux.

MATHILDE.

Mais, non, il ne l'a plus...

GONTRAN.

Que dites-vous?...

(Lugarto et Fritz paraissent sur le seuil de la porte.)

MATHILDE.

M. de Rochegune le lui a arraché, pour vous le remettre!... Oui, j'en suis sûre, je l'ai vu, la nuit du bal, à la maison de Chantilly.

GONTRAN, avec délire.

Que me dites-vous là? Mathilde! il serait vrai? je serais sorti cet enfer? je n'aurais plus rien à craindre de ce monstre!... Car c'est lui qui a tout fait, lui qui m'a forcé, avec ce talisman mortel, de renoncer à votre amour, de fuir avec Ursule, de revenir à Paris. (Lugarto défait son portefeuille et en tire un papier.) Oh! que j'ai souffert, allez!.. oh! que j'ai bien fait d'avoir parlé comme j'agissais, sans honte... Mathilde, vous avez brisé ma chaîne... Merci mon Dieu! je suis libre! je suis libre!

SCÈNE VIII.

LES MÊMES, LUGARTO et FRITZ.

LUGARTO.
Pas encore, monsieur le comte !... voici le faux.

MATHILDE.
Oh! ciel!

GONTRAN, dans la plus grande agitation.
Oh! alors !... tu vas me le rendre !
(Il veut se précipiter sur lui, Fritz le retient.)

LUGARTO, avec calme.
Un pas de plus... et j'appelle à moi tous les gens de cette maison.

MATHILDE.
Ne craignez rien... Gontran, c'est impossible... ce papier n'est pas...

LUGARTO.
Celui que votre ami Rochegune m'a soustrait. Mille pardons, belle dame... Les plus petites causes amènent les plus grands effets. Après avoir blessé votre chevalier, je suis vite retourné à Paris, où je me suis caché. Avec de l'or, rien n'est impossible! N'avez-vous pas entendu parler de l'arrestation de la malle de Calais?... Le courrier a été laissé pour mort sur la place... les dépêches ont été pillées par des malfaiteurs qu'une volonté puissante avait armés... Je ne sais pas comment cela s'est fait, mais vingt-quatre heures après cet événement... fâcheux !... une lettre signée Rochegune, et adressée à Londres, à M. Gontran de Lancry, était entre mes mains... Comprenez-vous? Je retrouvais ainsi ce précieux talisman... Monsieur le comte Gontran de Lancry, vous êtes encore un faussaire !...

GONTRAN.
Malheur à moi !... plus d'espoir!

LUGARTO.
Ingrat !... Vous regrettez votre femme... je vous réunis, et vous allez entreprendre avec elle le plus charmant voyage.

MATHILDE.
Pour nous séparer ensuite, n'est-ce pas... Oh! jamais! Je ne partirai pas, monsieur; je ne partirai pas!

LUGARTO, riant.
Prenez garde, madame... la femme doit suivre son mari...

MATHILDE.
Le silence de M. de Lancry me prouve qu'il consent encore à être votre complice, monsieur, mais je lui résisterai...

LUGARTO, bas, à Gontran.
La voiture est en bas, les momens sont comptés Parlez donc, ou bien...

GONTRAN.
Laissez-moi...

LUGARTO, bas.
Ne voyez-vous pas ce qu'elle désire?... Rester avec ce Rochegune dont elle est folle !

GONTRAN, à part.
Rochegune!...

LUGARTO, bas.
Qui s'est fait son chevalier, son défenseur; et vous laisseriez votre femme aux prises avec une pareille passion...

GONTRAN, de même, avec colère.
Toujours ce Rochegune !... (A Mathilde.) Madame... disposez-vous à me suivre...

LUGARTO.
Enfin !

MATHILDE.
Gontran !... par pitié !...

GONTRAN.
Avec moi, madame, vous n'aurez rien à redouter...

MATHILDE.
Mais vous avez donc oublié déjà ce que vous disiez tout à l'heure?... quand vous vous croyiez libre ?...

GONTRAN.
Madame, vous me suivrez !

MATHILDE.
Plutôt la mort, vous dis-je!

LUGARTO.
Allons, mon cher, les grands moyens !

GONTRAN.
Tenez, Mathilde, je vous en prie, venez.

MATHILDE.
Non !

GONTRAN.
Et si je vous l'ordonne ?

MATHILDE.
Jamais?

GONTRAN.
Et si je vous y force ?

MATHILDE.
Vous n'oseriez.

GONTRAN.
Hé bien! madame, je vais vous montrer que je suis votre mari, votre maître. Partons!

SCÈNE X.

LES MÊMES, SECHERIN, puis ROCHEGUNE.

SECHERIN.
Pas encore, monsieur le comte de Lancry.

ACTE II, SCÈNE XIV.

GONTRAN.
Que voulez-vous?

SÉCHERIN.
Vous tuer!

GONTRAN.
Monsieur!...

SÉCHERIN.
Je veux vous tuer, entendez-vous?... Avant la fin du jour, il faut que ma haine soit satisfaite.

ROCHEGUNE, allant frapper sur l'épaule de Lugarto.
Je vous avais défendu de rentrer en France... vous n'en sortirez plus.

SÉCHERIN, à Rochegune.
Moi, d'abord, mon ami... (A Gontran, montrant Lugarto.) Voici un témoin digne de vous... (Prenant la main de Rochegune.) Voici le mien...

GONTRAN.
Nous acceptons. Le lieu?...

SÉCHERIN.
Le bois de Vincennes, au carrefour de l'étang... dans une heure...

GONTRAN.
Nous y serons.

MATHILDE.
Rochegune! Sécherin!...
(Ursule entr'ouvre la porte de droite.)

SÉCHERIN.
Dans une heure, Mathilde, vous serez veuve, ou vous consolerez ma mère...

ACTE CINQUIÈME.

Un rond-point dans une forêt, auquel aboutissent de longues allées qui se perdent dans le lointain; sur le deuxième plan, un poteau à quatre bras pour indiquer les routes.

SCÈNE I.

UN BUCHERON, aiguisant sa cognée; il regarde au loin.

Le soleil se couche bien rouge; mauvais signe! Allons, à l'ouvrage: le pain de la journée n'est pas encore tout à fait gagné... (Regardant les arbres.) Rien que du chêne: ça sera dur pour finir... Mais qu'est-ce que je vois donc là-bas? Une voiture; deux femmes en descendent... à cette heure, dans le bois de Vincennes! Tiens, elles viennent par ici; comme elles marchent vite! Un rendez-vous!... c'est un peu tard. J'en ai vu s'amuser pas mal, depuis que je travaille; mais je n'en ai jamais vu de si pressées... Bah! ça ne me regarde pas. (Il se met à l'ouvrage derrière une touffe.)

SCÈNE II.

LE BUCHERON, MATHILDE, URSULE.

URSULE.
Nous nous sommes trompées... Mon Dieu! mon Dieu! ils n'y sont pas.

MATHILDE.
Il me semble pourtant que c'est bien là le chemin qu'on nous a indiqué pour aller au carrefour de l'Étang. Hélas! pourvu que nous n'arrivions pas trop tard!

MATHILDE.

URSULE.
Il tuera mon mari... j'aurai causé sa mort... Oh! c'est affreux!

MATHILDE.
Non, non, ce duel inégal n'aura pas lieu: c'est impossible.

URSULE.
Mais où sont-ils, mon Dieu! où sont-ils? J'ai déjà causé trop de malheurs pour ne pas empêcher celui-là.

MATHILDE, regardant autour d'elle et voyant le bucheron.
Ah! cet homme... Mon ami, n'est-ce pas ici le carrefour de l'Étang?

LE BUCHERON.
Non, madame: c'est le rond-point de la Croix-Noire.

URSULE.
Nous sommes égarées: tout est perdu!

MATHILDE, au bucheron.
Le carrefour de l'Étang, où est-il?

LE BUCHERON.
Là-bas, madame... Vous prendrez la première route à gauche, puis à droite, et vous y êtes; c'est tout près d'ici.

URSULE.
Dieu soit loué... Vous n'avez vu passer personne?

MATHILDE.
Des hommes avec des armes?

LE BUCHERON.
Non, madame, et j'étais ici avant le jour.

MATHILDE.
Il est temps encore : allons les y attendre.

URSULE.
Je me sens mourir...

MATHILDE, l'entraînant.
Venez, venez; il s'agit de les sauver tous deux, peut-être. (Elles sortent.)

SCÈNE III.

LE BUCHERON, leur criant.

La première route à gauche, là, bien ; à droite, après cela, et vous y êtes... Pauvres femmes, comme elles sont pâles... Il s'agit d'un duel ; elles veulent l'empêcher, sans doute. Un duel... (Il donne des coups de hache dans un tronc d'arbre.) Je ne sais quelle rage les bourgeois ont de s'exterminer. Je les comprendrais encore s'ils avaient à travailler du matin au soir, à s'échiner le tempérament pour subsister ; mais des gens riches qui ont assez de la vie, et qui se donnent autant de peine pour la perdre que moi pour la gagner. Faut-il qu'ils aient du bonheur de trop !... eux qui n'ont qu'à se laisser vivre, eux qui sont bien sûrs que leurs femmes et leurs enfans auront du pain le soir et ne gèleront pas de froid pendant la nuit.

SCÈNE IV.

LE BUCHERON, GONTRAN, LUGARTO, avec des épées.

LUGARTO, s'asseyant.
Ouf ! je n'en puis plus...

GONTRAN.
Mais, nous ne sommes pas encore au carrefour de l'Étang.

LE BUCHERON, à part.
Ce sont eux !

LUGARTO.
Soit, mais vous allez d'un tel pas, mon cher, que je puis à peine vous suivre... Les chemins sont affreux... Et je n'ai guère l'habitude de marcher si vite.

GONTRAN.
Il ne faut pas nous faire attendre... venez... venez...

LUGARTO, tirant sa montre.
Vous êtes parfaitement en mesure... le rendez-vous est à huit heures, il est sept heures trois quarts... et selon ce qu'on nous a dit, le carrefour de l'Étang est à deux pas... (Voyant le bûcheron, et brutalement.) Le carrefour de l'Étang, réponds ?

LE BUCHERON, s'arrêtant de travailler, le regarde, et dit, à part.
Il me parle comme à un chien... celui-là !...
(Il se remet à l'œuvre sans répondre.)

LUGARTO.
M'entends-tu, canaille ?

GONTRAN.
Lugarto... Lugarto !

LUGARTO.
Pourquoi ce gredin-là ne répond-il pas ?

LE BUCHERON.
Parce que ce gredin-là ne pourrait vous répondre qu'avec le manche de sa cognée ; ça serait long, et il n'a pas le temps de vous corriger.

LUGARTO.
Misérable gueux ! je vais...

LE BUCHERON.
Quoi faire ?

GONTRAN, à Lugarto.
Arrêtez ! (Avec douceur au bûcheron.) Mon ami, dites-moi, je vous en prie, où est le carrefour de l'Étang...

LE BUCHERON, ôtant son bonnet.
Monsieur, à deux pas d'ici... (A part.) Celui-là est honnête, au moins... fasse le bon Dieu que ce soit l'autre qui crève !...

LUGARTO, s'asseyant sur un tertre.
Vous voyez, mon cher... nous avons le temps.

GONTRAN.
Mais, vous vous reposerez aussi bien... là-bas, qu'ici... En vérité, nous serons en retard...

LUGARTO, se retournant, et voyant venir leurs adversaires.
Tenez, vous voyez bien que non.

SCÈNE V.

LES MÊMES, ROCHEGUNE, SECHERIN, portant des pistolets.

ROCHEGUNE.
Vous nous attendiez, messieurs, mais nous ne sommes pas, je crois, au lieu du rendez-vous ?

SECHERIN.
Nous serons aussi bien ici... Allons... vite... sans aller plus loin...

GONTRAN.
Soit... monsieur...

LUGARTO.
J'aime autant cela... Je meurs de fatigue...

ROCHEGUNE, à Lugarto, montrant le bûcheron.
Mais, il y a quelqu'un là...

SECHERIN.
Eh !... l'ami !... éloigne-toi ; tu nous gênes.

LE BUCHERON.
Pardon, excusez, monsieur... mais je suis à la

ACTE V, SCÈNE VI.

tâche... je vis de mon travail... chaque coup de cognée vaut une bouchée de pain pour mes enfans et pour ma femme.

LUGARTO.
Qu'est-ce que ça nous fait à nous, ta femme?...

SECHERIN, au bûcheron, avec émotion.
Votre femme !... Tenez, mon ami. (Il lui donne une pièce d'or.) Laissez-nous seuls... Voici pour vous et pour votre famille... Bonnes gens !... vous aurez au moins aujourd'hui une heureuse journée... Votre femme... elle est bonne, elle est fidèle, vertueuse?...

LE BUCHERON.
Oh ! oui, monsieur... Elle et mes enfans... c'est toute ma joie...

SECHERIN, à part.
Et moi, j'aurais pu parler ainsi, sans ces infâmes. (Un moment absorbé, il s'écrie avec explosion.) Les armes... les armes!...

LE BUCHERON, à part.
Donner vingt francs pour se faire tuer quand je ne gagne que vingt sous pour vivre !... Ça a l'air d'un brave homme... et dire que tout à l'heure peut-être... c'est que la chance n'est jamais pour ceux-là !... Ah ! si je pouvais empêcher ce duel... Une idée... en courant chercher ces deux petites dames...? oui... c'est ça.

(Il sort vivement.)

―――――――――――――

SCÈNE VI.

LES MÊMES, excepté le Bûcheron.

SECHERIN, à Rochegune.
Vite, vite... vous savez mes intentions... Le sang me brûle !...

LUGARTO.
M. de Lancry ayant été provoqué, insulté par M. Sécherin... Nous avons le choix des armes...

ROCHEGUNE.
Un moment, monsieur...

SECHERIN.
Allons, l'épée... soit !... mais une arme... au moins une arme !...

LUGARTO, présentant les épées.
Celles-ci.

SECHERIN, se précipitant pour en prendre une.
Celles-ci ou d'autres, donnez !...

ROCHEGUNE, l'arrêtant.
Un instant, mon ami... pas de folle générosité.

LUGARTO.
Mais, monsieur, à notre droit...

ROCHEGUNE, à Gontran.
Je regrette, monsieur, que vous ayez oublié qu'entre gens bien élevés, il est d'usage d'opposer à un témoin honorable, un témoin honorable... vous eussiez pu par-là m'épargner la dure nécessité d'avoir à régler avec cet homme les conditions de ce combat...

LUGARTO.
Monsieur... vous m'insultez!...

ROCHEGUNE.
Oh ! terminons d'abord avec ces messieurs... ensuite, nous réglerons ensemble... car, cette fois, vous ne m'échapperez pas... je vous le jure...

LUGARTO, avec impudence.
Et qui vous dit que je veuille vous échapper !... (A part.) L'un des deux adversaires devant succomber... un autre duel ne peut avoir lieu faute de témoins... et nous verrons après... (Haut.) Quant à présent, messieurs, je maintiens que le choix des armes nous appartient...

SECHERIN, vivement.
C'est un duel à mort que je veux !... Fer ou plomb... peu m'importe.

(Gontran fait un signe d'assentiment.)

ROCHEGUNE.
Il m'importe à moi que les chances de ce combat soient égales...

LUGARTO.
Mais enfin...

ROCHEGUNE, à Lugarto.
Ce n'est pas à vous que je veux avoir affaire maintenant... (A Gontran.) M. de Lancry n'insistera pas, je pense. J'en appelle à sa loyauté... Lequel des deux, de M. Sécherin ou de lui... a reçu la plus sanglante insulte ?...

GONTRAN.
Vous avez raison, monsieur... et j'accepte tout ce que vous proposerez...

LUGARTO.
Mais je suis votre témoin, moi...

GONTRAN, à Rochegune.
Je laisse à monsieur le soin de régler ce combat...

SECHERIN.
Moi de même... pourvu que ce soit un duel à mort...

GONTRAN.
Je ne l'entends pas autrement.

LUGARTO, à Rochegune.
Parlez donc !... monsieur...

ROCHEGUNE.
Nous choisissons le pistolet... Les adversaires se placeront à vingt pas de distance...

SECHERIN.
Vingt pas !... C'est une plaisanterie !

ROCHEGUNE.
Au signal donné, ils marcheront l'un vers l'autre jusqu'à cinq pas... et tireront...

SECHERIN.
Cinq pas... A la bonne heure !

GONTRAN.
J'accepte?

LUGARTO, bas à Gontran.
Mais vous êtes fou !... Vous perdez vos avantages... Cette brute vous tirera à brûle-pourpoint...

GONTRAN à Rochegune.
Veuillez charger les armes, monsieur.

SÉCHERIN.

Ursule !... Ursule !

(Rochegune pose son mouchoir à terre et va plus haut charger les pistolets.)

GONTRAN, à part.

Allons, jamais duel ne me fut plus indifférent ! (Haut.) Hâtez-vous ! je crois entendre du bruit !...

SÉCHERIN, à part.

J'aurais voulu la voir une dernière fois !

ROCHEGUNE, à Lugarto.

Comptez les cinq pas, monsieur... Je charge les armes. (Il continue à charger, pendant que Lugarto mesure les cinq pas et pose son mouchoir devant l'autre. Ayant chargé ?) Au sort le choix des armes.

GONTRAN.

Inutile !... (A Sécherin.) Monsieur, choisissez !

(Sécherin prend une arme.)

ROCHEGUNE, à Gontran.

A vous, monsieur.

SÉCHERIN, à Rochegune.

Ce papier pour elle... C'est mon testament, mon ami... ma fortune entre ma mère et elle !...

LUGARTO.

Messieurs, nous sommes à vos ordres.

SÉCHERIN.

Allons !...

(Gontran et Sécherin sortent, chacun de son côté, le pistolet à la main. Rochegune et Lugarto sortent de même en comptant le reste des pas, à partir de chaque mouchoir... puis, ils rentrent et se placent derrière les deux mouchoirs. Rochegune frappe trois coups dans sa main. Silence. Gontran et Sécherin rentrent et s'avancent vers les deux mouchoirs, visant ensemble. — Sécherin tire le premier.)

GONTRAN, portant la main à son côté.

Ah !... (Il chancelle et s'appuie sur Lugarto.)

SCÈNE VII.

LES MÊMES, puis LE BUCHERON, puis URSULE et MATHILDE.

LUGARTO, à Sécherin.

Ne bougez pas, monsieur... votre adversaire peut encore tenir son arme... Courage, Gontran !.. venge-toi, venge-toi...

GONTRAN, avec un effort.

Oui... j'ai encore assez de force...

(Il se redresse. Le bûcheron paroît au fond, faisant des signes à la cantonade.)

LUGARTO, à Sécherin.

Vous l'entendez...

GONTRAN.

J'ai encore assez de force pour faire justice... d'un monstre tel que toi.

(Il tue Lugarto presqu'à bout portant et tombe.)

LUGARTO, poussant un cri.

Ah ! (Il tombe, mort.)

MATHILDE, entrant.

Gontran, blessé !

(Elle court à lui. Ursule entrée avec elle s'agenouille au fond, les mains jointes.)

GONTRAN.

Mathilde, pardonne-moi. Je meurs !... Sois heureuse...

(Il expire dans ses bras.)

SÉCHERIN.

Morts tous deux... (Ses regards dirigés par Rochegune, rencontrent Ursule toujours agenouillée.) Ursule !... O mon Dieu !... est-ce pour moi qu'elle prioit ?...

FIN DE MATHILDE.

N. B. S'adresser pour la musique à M. Pilati, chef d'orchestre du théâtre de la Porte-Saint-Martin.

FRANCE DRAMATIQUE. — PIECES EN VENTE

- La Seconde Année.
- L'École des Vieillards.
- L'Ours et le Pacha.
- Le Camarade de lit.
- Le Mari et l'Amant.
- Les Malheurs d'un Amant
- Henri III et sa cour.
- Un Duel sous Richelieu.
- Calas, de Ducange.
- Michel et Christine.
- Le Mariage de raison.
- L'Hom. au masque de fer
- La Jeune Femme colère.
- L'Incendiaire.
- La Vieille.
- Le Jeune Mari.
- La Demoiselle à marier.
- Les Vêpres Siciliennes.
- Budget d'un jeune ménage.
- L'Auberge des Adrets.
- Philippe.
- La Dame blanche.
- Toujours.
- 40 ans de la vie d'une fem.
- Le Lorgnon.
- Bertrand et Raton.
- Une Faute.
- Le ci-devant jeune hom.
- Marie Mignot.
- Pourquoi ?
- Richard d'Arlington.
- La Chanoinesse.
- Les Comédiens.
- L'Héritière.
- Léontine.
- Le Gardien.
- Dominique.
- Le Philtre Champenois.
- Le Chevreuil.
- Le Charlatanisme.
- Vert-Vert.
- Eunis et Palaprat.
- Le Mariage extravagant.
- Le Paysan perverti.
- Pinto, en 5 actes.
- La Carte à payer.
- Le Mari de ma femme.
- Les Vieux Péchés.
- Luxe et Indigence.
- Zoé.
- Louis XI.
- Ninon chez Mme Sévigné.
- Robin des Bois.
- Marius à Minturnes.
- Marie Stuart.
- Les Rivaux d'eux-mêmes
- La Famille Glinet.
- Les Héritiers.
- Jeanne d'Arc.
- Les Maris sans femmes.
- L'Assemblée de famille.
- Mémoires d'un Colonel.
- Le Paria.
- Les Deux Maris.
- Le Médisant.
- La Passion secrète.
- Rabelais.
- Les Deux Gendres.
- Estelle.
- Trente Ans.
- Le Pré-aux-Clercs.
- La Poupée.
- La Tour de Nesle.
- Changement d'uniforme.
- Une Présentation.
- Mme Gibou et Mme Pochet
- Est-ce un Rêve ?
- Fra Diavolo.
- Robert-le-Diable.
- Le Duel et le Déjeuner.
- Zampa.
- Avant, Pendant et Après.
- Les Projets de mariage.
- Un premier Amour.
- Napoléon, ou Schœnbrunn et Ste-Hélène.
- La Courte-Paille.
- Le Hussard de Felsheim.
- 1760, ou les 3 Chapeaux.
- Rigoletti.
- Frédégonde et Brunehaut
- Gustave III.
- Elle est Folle.
- L'Abbé de l'Épée.
- Un Fils.
- Les Infortu. de M. Jovial.
- M. Jovial.
- Victorine.
- Catherine ou la Croix d'or
- La Belle-Mère et le Gend.
- Heur et Malheur.
- Il y a Seize ans.
- L'Héroïne de Montpellier
- C'est encore du Bonheur.
- La Mère au bal, et la Fille à la maison.
- Jean.
- Les Etourdis.
- Valérie.
- Foublas.
- Picarus et Diégo.
- Démence de Charles VI.
- Une Heure de mariage.
- Madame Du Barry.
- Le Chiffonnier.
- Le marquis de Brunoy.
- Le Voyage à Dieppe.
- Les Anglaises pour rire.
- Surette.
- La Fille d'honneur.
- Un moment d'imprudence
- Le Dîner de Madelon.
- Les Deux Ménages.
- Le Bénéficiaire.
- Malheurs d'un joli garçon
- Robert, chef de brigands
- Michel Perrin.
- Une Journée à Versailles.
- Le Barbier de Séville.
- Les Cuisinières.
- Le Nouv. Pourceaugnac.
- Marie.
- Le Secret, et le Cuisinier.
- Clotilde.
- Bourgmest. de Saardam.
- Le Roman.
- Le Coin de Rue.
- Le Célibataire et l'Homme marié.
- La Maison en loterie.
- Les Deux Anglais.
- Le Mariage impossible.
- La Ferme de Bondi.
- Werther.
- La Prison d'Edimbourg.
- La Première Affaire.
- La Famille de l'Apothicai.
- Don Juan d'Autriche.
- L'Enfant trouvé.
- Le Poltron.
- Le Facteur.
- Misanthropie et Repentir
- Le Châlet.
- Perrinet Leclerc.
- Moiroud et Compagnie.
- Agamemnon.
- Chacun de son côté.
- Le Vagabond.
- Thérèse.
- Sans Tambour ni Tromp.
- Marino Faliero.
- Fanchon la Vielleuse.
- Prosper et Vincent.
- Glenarvon.
- Le Conteur.
- Le Caleb de Walter Scott.
- La Dame de Laval.
- Carlin à Rome.
- Les Deux Philibert.
- Les Couturières.
- Couvent de Tonnington.
- Le Landaw.
- Une Famille au temps de Luther.
- Les Polonais.
- Honorine.
- Angeline.
- La Princesse Aurélie.
- Les Petites Danaïdes.
- Sophie Arnould.
- Un Mari charmant.
- Les Deux Frères.
- Madame Lavalette.
- La Pie Voleuse.
- La Famille improvisée.
- Les Frères à l'épreuve.
- Le Marquis de Carabas.
- La Belle Ecaillère.
- Les Deux Jaloux.
- Laitière de Montfermeil.
- Les Bonnes d'Enfans.
- Farruck le Maure.
- Monsieur Sans-Gêne.
- Monsieur Chapolard.
- La Camargo.
- Prévillo et Taconnet.
- Le Bourru bienfaisant.
- La Fille de Dominique.
- Philosophe sans le savoir
- Rossignol.
- Deux vieux Garçons.
- Jeunesse de Richelieu.
- Le Père de la Débutante.
- L'Avoué et le Normand.
- La Juive.
- Un Page du Régent.
- Les Indépendans.
- Mal noté dans le quartier.
- L'Idiote, dr, en 4 actes.
- Guillaume Colmann.
- Les Deux Edmond.
- Le Serment du Collège.
- La Vie de Garçon.
- La Camaraderie.
- Le Commis Voyageur.
- Liste de mes Maîtresses.
- Alix, ou les deux Mères.
- Harnali, parodie.
- 99 Moutons et un Champenois.
- Un Ange au sixième étage
- Frascati, vaud. en 3 actes
- La Cocarde tricolore.
- La Muette de Portici.
- La Foire Saint-Laurent.
- Clermont.
- Le Pioupiou, v en 3 actes
- Perruquier de la Régence
- Le Chevalier du Temple.
- Le Mariage d'argent.
- Le Camp des Croisés.
- Mademoiselle d'Aloigry.
- Une Vision ou le sculpteur
- Le Bourgeois de Gand.
- Le Pauvre Idiot, dr. 5 act.
- Louise de Lignerolles.
- L'Homme de Soixante ans
- Marguerite.
- La Belle-Sœur.
- Céline la Créole.
- Mademoiselle Bernard.
- Précepteur à vingt ans.
- Madame Grégoire.
- La Cachucha.
- Samuel le marchand.
- Guillaume Tell, dr. 3 a.
- Henri Hamelin, dr. 3 a.
- Un Testament de dragon
- Le Ménestrel, com. 5 a.
- Bayadères de Pithiviers.
- Peau d'âne, en 5 actes
- L'Ouverture de la Chasse
- La Vie de Château.
- Thérèse, opéra-comique.
- L'Obstacle imprévu.
- Richard Savage, dr. 5 a.
- Le Grand-Papa Guérin.
- Le Général et le Jésuite.
- La Boulangère à des écus
- D. Sébastien de Portugal
- C'est monsieur qui paie.
- Mademoiselle Clairon.
- Ruy-Brac, p. de Ruy-Blas
- Une Position délicate.
- Randal, dr. en 5 actes.
- L'Enfant de Giberne.
- Sept Heures.
- Un Bal de Grisettes.
- Candinot, roi de Rouen.
- Françoise et Francesca.
- La Meunille.
- Les Trois Gobe-Mouches
- Postillon franc-comtois.
- Mademoiselle Nichon.
- Dagobert.
- Les Maris vengés.
- Une Saint-Hubert.
- La Fille d'un Voleur.
- Les Sermons.
- Le Planteur.
- Jaspin, com.-vaud.
- Le Père Pascal.
- Nanon, Ninon, Maintenon
- Phœbus.
- Les Camarades du minist.
- Vingt-six ans.
- La Canaille.
- L'Eclair.
- L'Intérieur des Comités révolutionnaires.
- La Laitière de la Forêt.
- Bobêche et Galimafré.
- La Femme Jalouse.
- Le Panier Fleuri.
- Le Protégé.
- Le Diamant.
- Les Treize.
- Naufrage de la Méduse.
- L'Eau merveilleuse.
- Geneviève la Blonde.
- Industriels et Industrieux
- Le Pied de mouton.
- La Grande Dame.
- Passé minuit.
- Le Pacte de Famine.
- Tribut des Cents Vierges
- Isabelle de Montréal.
- Une Visite nocturne.
- Madame de Brienne.
- Un Ménage parisien.
- Les Brodequins de Lise.
- Valentine.
- La Belle Bourbonnaise.
- Mademoiselle Desgarcins
- Passé Midi.
- Les Trois Quartiers.
- La Nuit du Meurtre.
- La Fiancée.
- Les Ouvriers.
- L'Elève de Saumur.
- Carte blanche.
- Chantre et Choriste.
- Chansons de Béranger.
- La Fille du Musicien.
- La Rose Jaune.
- Le Shérif.
- Les Filles de l'Enfer.
- César, ou le Chien du château.
- Eustache.
- Argentine.
- L'Amour.
- Fiancée de Lammermoor.
- Le Père de Famille.
- Bélisario.
- Le Débardeur.
- La Symphonie.
- Sujet et Duchesse.
- Ecorce russe et Cœur français.
- Un Scandale.
- Le Bambocheur.
- Le Philtre, opéra.
- Le Tasse.
- Léonide, ou la Vieille.
- A Minuit.
- Le Coffre-fort.
- Fénélon, par Chénier.
- Les Machabées.
- La Lune Rousse.
- L'Amant bourru.
- Cartouche, ou les Voleurs
- L'espionne Russe.
- Les Deux Normands.
- Le Soldat de la Loire.
- Malvina, ou le Mariage le plus beau jour de la vie
- Polder, ou le Bourreau.
- Louise, ou la Réparation
- Les Premières Amours.
- Le Colonel.
- Le Coiffeur et le Perruquier.
- La Reine de seize ans.
- Kettly, ou le Retour.
- La Famille Riquebourg.
- Lisbeth, ou la Fille du Laboureur.
- La Lune de Miel.
- La Correctionnelle.
- La République, l'Empire et les Cent jours.
- Les deux Forçats.
- Quaker et la Danseuse.
- Les Enfans d'Edouard.
- Yelva.
- La Marraine.
- La Mansarde.
- La Fille du Cid.
- Assemblée de Créanciers
- Le Soldat laboureur.
- Les Cabinets particuliers
- Les Deux Systèmes.
- La Reine d'un jour.
- Régine ou Deux Nuits.
- L'Humoriste.
- Hochet d'une Coquette.
- La Fausse Clé.
- Le Secret du Soldat.
- La Peur du Tonnerre.
- La Neige.
- Le Jésuite.
- Les 6 Degrés du Crime.
- Les Deux Sergens.
- Le Diplomate.
- L'œil de verre.
- Lotréaumont.
- Le Code et l'Amour.
- Une Jeune Veuve.
- La Mansarde du Crime.
- Judith.
- Madame Duchatelet.
- Le Verre d'eau.
- Missaniello.
- Je connais les femmes.
- La Rose de Péronne.
- Deux Sœurs.
- La Grâce de Dieu.
- La Dette à la Bamboche.
- Une nuit au Sérail.
- L'embarras du choix.
- La Popularité.
- Caravage.
- Un Monsieur et une Dame
- Les Pénitens blancs.
- Christine.
- Permission de 10 heures
- Béatrix, drame.
- Voyage de Robert-Macaire.
- Comité de Bienfaisance.
- Floridor le Choriste.
- La Mère et la Fille.
- La Fille du Tapissier.
- Le Veau d'Or.
- Mari de sa Cuisinière.
- Le Débutant.
- Le Quinze avant Midi.
- Deux Dames au Violon.
- Le Beau-Père.
- La Maîtresse de Poste.
- L'Homme Gris.
- Le Bureau de Placem.
- Les Oiseaux de Borace.
- Le Festin de Pierre.
- Le Bon Ange.
- Les Économies de Cabochard et Sous-Clé.
- Frère et Mari.
- Le Bon moyen.
- Un Mari du bon temps.
- La Prétendante.
- Le Secret du Ménage.
- La Citerne d'Albi.
- Un Mois de fidélité.
- Le Cousin du ministre.
- Gabrina.
- Le Caporal et la Payse.
- Les Pontons.
- Les Pupilles de la Garde.
- Chevilles de Mtre Adam.
- Mlle de Mérange.
- Pétersconti.
- La Vie d'un Comédien.
- La Chaîne électrique.
- Marie.
- Nicolas Nickleby.
- L'une pour l'autre
- Les Philactopes.
- L'oncle Baptiste.
- L'Avocat de sa cause.
- Les Jumeaux béarnais
- L'Hôtel garni.
- Le Voyage à Pontoise
- Jeu de l'amour et du hasard.
- Le Parleur éternel.
- Le Turc.
- Mon coquin de neveu
- Jeunesse orageuse.
- Edouard et Clémentine
- L'Ingénue de Paris.
- Un Veuvage.
- La journée d'une jolie femme.
- L'Anneau de la marquise.
- Le petit Chaperon rouge.
- Le Dernier Marquis.
- Les Deux Voleurs.
- La Branche de chêne.
- Mathilde.

www.ingramcontent.com/pod-product-compliance
Lightning Source LLC
Chambersburg PA
CBHW060706050426
42451CB00010B/1302